生活主義国語教育の再生と創造

田近洵一 著

三省堂

前書き

教育の科学的研究も、平成の半ばから、民間の教育研究所の先進的研究と共に、めざましい進展を見せている。また、最近さかんに行われるルーブリックを作成して行うパフォーマンス評価やポートフォリオの研究などは、平成における教育の科学化、合理化の動きであったと言えるだろう。そして、令和の時代、ＡＩ技術を取り入れた教育の科学化・合理化の動きは、更に加速するだろうと思われる。

　そのような時代を迎えて、そのような時代だからこそ、私たちは、人間にとって教育とは何か、人間にとって学ぶとはどのような行為かということを、しっかりと考えておかなければならないのではないだろうか。特に、ことばを仲立ちとした活動は、それを使う主体である一人一人の人間と無縁ではあり得ない。ことばは、単なる道具ではなく、それを使う人の心、ものの見方、考え方、人の人としての生き方と深く関わっているのである。

　かつて、西《にし》尾《お》実《みのる》先生は、「国語教育こそ教育である。」と言われた。言語活動を支えるのは人間であり、その言語活動の学びは、人間の成長を支えるのである。ＡＩの時代となっても、人間が人間として生きることをスポイルしてはならない。人間が人間として生きることと無縁なところで、言語やその教育の問題を考えることはできないのだ。むしろＡＩ技術をも、言語の教育との関係で、人間が人間として生きる力として取り込んでいかなければならないのではないだろうか。

　そのためにも、人間にとってことばを学ぶとはどういうことか、それは人間のどのような行為として成立するのかを、明確にしておかなければならない。

　端的に言って、ことばを学ぶことは、人間が人間として生きることだ。人間として生きること、即ち「生活」として、ことばの学びは成立する。それが、生活主義の基本的な考え方だ。

「生活主義」という語は、主として、昭和の初め、『綴方生活』や『北方教育』など、第一章で取り上げる綴方教育に重点を置いた教育誌の発刊をきっかけに、全国的なひろがりを見せた子どもの現実認識を重視する生活綴方教育の中で使われたものだが、しかし、その「生活主義」の語が、どのような教育思想を示すものであるかについての、語義の厳密な定義はなされていなかった。しかし、子どもの生活を教育の基盤とする生活主義教育の理念は、主として生活綴方をはじめ、学び手である子どもの主体的な認識活動を大事にする教育実践を貫いて、生き続けてきた。

私は、その伝統を継承するとともに、改めてその理念を問い直し、国語科のすべての領域の教育を支える基本的な教育思想として、その再生と創造をはかりたいと考える。すなわち、本来の生活主義教育の理念を問い直し、子どもの生きる力を育てる、人間として生きる力を育てるという一点に焦点化して、新しい時代の進展を支える教育思想としての可能性を、できるだけ実践的に明らかにしていきたい。

＊　＊

私は、「生活主義教育」の本質は、子ども本来の生きる力としての生活力を引き出し、育てていくこと、即ち、現実に生きる子どもたちの一人一人が、人間として生きることを通して、人間として生きる力を自ら引き出し、伸ばし育てていくことにあると考えている。「生活主義」の教育とは、まさにそのような、人間としての生きる力を、内側から育て、伸ばしていく教育である。そのためには、できるだけ子どもの外なる世界（他者）との出会いと、彼らの内側からの思いを大事にしなければならない。理知的な処理をする前に、感性的な感受性と想像力による他者理解の力をこそ、子どものうちに体験的に育ててやらなければならないと思うのである。

かつて、東京・品川区の立会小学校で、「人の心の痛みのわかる子どもを育てたい」という教師たちの思いに突き動かされて、協同で子どもの読書活動に取り組んだことがあったが、そんな教育こそ、まさに今日における「生活主義の教育」なのではないだろうか。

「生活綴方」とか「生活主義」というと、それだけで、あたかも政治的に偏向しているかのような誤解をされた時代があった。今ではそんなことはないであろうが、私は、そのような時代に教師になったのだった。現実に生きることを通して、人間として生きる力を身につけていく――そのことを如何《いか》に実現するかを、私は、改めて、教育の実践・研究の基本としたいと考える。

本書を、私は、単著の十一冊目として世に送るが、かつて、生活綴方の本質を明確にし得ないまま、政治的偏向というレッテルをはったような誤りを犯さないよう祈る次第である。

＊　＊

なお、補足するが、人間として生きるという事実に重点を置き、ＡＩ教育までも視野に入れて、生きることを通して生きることを学び、人間として生きる力を自らのものとしていく学びのあり方を、私は改めて「新・生活主義」と名づけてもよいと考えている。それはまさに次世代への課題なのだが、自ら人間として生きることを通して、人間として生きる力を自ら学びとる学びの開発こそ、変化の激しいこれからの時代を生きる、新しい世代の課題だと思うのである。

目次

第一章

新・生活主義教育の建設

国語教育の原論を求めて

一　新・生活主義国語教育の建設

学ぶとは、人として生きること。人として生きることで人は学ぶ。

人として生きることを無視して、人としての学びはない。

人は、人として学び、人として成長する。

人として成長する契機は、人として生きることにある。

学びに、人として生きることを求めるところに、生活主義、新・生活主義の教育の原点がある。

1　教育の原点

「生活の現実」を書く

現実の生活を、具体的な事実に即して、リアルに文章に書き表す作文学習は、「生活綴方」とよばれて、昭和初期以降、特にわが国の小学校教育において実践されてきた。それは、戦時下において、思想的に偏向した教育としてきびしい弾圧を受けもしたが、しかし、今日、その実践がひらいてきた教育は、書くことを通して子どもが子どもとして生きる教育として、あるいは、人として生きる教育として、改めてその教育的な意義を問い直し、その再生をはかるべき可能性を内に有しているのではないだろうか。今日も、生活主義教育と取り組んでいる多くの現場の教師の顔を思いうかべると、改めて、生活主義教育の本質を、人が人として生きることの教育として問い直し、その再生と創造をはかるべきではないかと思うのである。

今、生活綴方を、「人が人として生きることの教育」として、その「再生と創造」をはかるべきだと言った。従来、生活綴方は、ひと言で言うと、「きびしい生活の現実」を題材として、それをリアルに描き出すものだというように考えられてきたし、今もそのように考えている人が多い。そのことに誤りはないのだが、しかし、生活綴方の本質は、「何を書くか」といった作文の題材にあるのではないと考えるべきではないだろうか。

昭和の初め、「貧乏綴り方」と言われたように、確かに「何を書くか」といった題材に重点を置いた指導がなされていたのは事実である。しかし、生活綴方を指導する教師たちが、もっとも力を入れたのは、生活の事実を、ことばでいかにリアルにとらえ、リアルに表現するかということであった。教師が特に力を入れて育てようとしたのは、どのような現実の生活を題材にするかということよりも（もちろん、それもあったが）、現実のもの・ことをいかにとらえ、ことばでいかに表現するかであった。

生活を書くことで、人間として生きる

自分の直面する現実をとらえ、事実に即して、それをリアルに描き出すことで、学び手の子どもたちは、その書くという行為（＝充実したリアリティのある行為）を通して、一人の人間として生きた。現実と向かい合い、それをリアルに描いたからこそ、その書く行為を通して、子どもは一人の人間として生きたのである。

一人の人間として生きるとは、現実と向かい合い、問題をとらえ、それを追究する――追究することで、思考を深め、他者と関わり、思想を形成していくことだ。

書くことを通して、人間らしいものの見方・考え方をしたから、その表現にリアリティーが生まれる。言い換えると、書くことで人間として生きたから、リアリティーのある表現が生まれたのだ。書くという言語活動――ものを見、ものを考え、それをリアルに書き表すことが、人間として生きることに重なった時、初めてその表現にリアリティーが生まれる。言うならば、書く活動が現実と向かい合い、それをことばでしっかりととらえた時、その活動は、人間として生きる活動として成立するのである。

生活綴方は、現実を客観的にとらえ、ことばで確かに表現することを柱とする活動であるが、それは、書くことで、人間として生きる活動でもあった。たとえ、なまなましい現実を題材としても、書く活動を通して、対象をしっかりと見、ことばでしっかりととらえることができなければ、それは生活綴方ではない。現実を見つめ、それをことばでとらえることで、書き手が自立した一人の人間として生きた時、それは生活綴方なのである。

書くことを通して、生活の現実をとらえ、認識を確かにした時、その行為が生活綴方であり、書き手は初めて生活綴方という書く行為の主体者として生きたと言える。したがって、生活綴方の本質は、言語を仲立ちとして現実認識を確かにすることであり、そのことを通して、一人の人間として生きることにあると言えよう。

たとえ、なまなましい現実を題材としていても、また、表現技法を駆使してことば巧みに表現していても、書く活動を通して、対象をしっかりと見、ことばでしっかりととらえられていなければ、それは生活綴方ではない。書くことで、書き手が、人間として生きているとは言えないからだ。

書くことで生きる

生活綴方は、書き手が、現実をリアルに描き出すことで、人間として生きること自体を行為の本質とする表現活動である。そこで、「書くことで人間として生きる」とはどのような行為かということが問題になる。

「書くことで人間として生きる」とは、書く行為を通して、事実・事象を対象としてとらえ、そこに問題を見出して追究し、思考を深めて対象に対する認識を確かにしていくこと、即ち、その認識・思考の形成の過程的行為を人間として生きることである。国分《こくぶ》一《いち》太郎《たろう》のことばを借りて言うと、人が生きることとしての書くことの問題は、表現の対象としての生活にではなく、人として生きるということ、あるいはそのための方法、即ち、「生活綴方的教育方法」にあるというべきであろう。即ち、書く行為に即して言うと、問題は何を書くかではなく、いかに書くか（即ち、いかに生きるか）にあると言っていいだろう。

ここまでの問題を整理しよう。生活綴方は、厳しい生活の現実を題材とする作文、あるいは作文活動と思われてきた。しかし、その本質は、書くことで人間として生きる（生活する）ということにあるのではないか。厳しい生活の現実を題材として取り上げて作文に書くことはもちろん大事なことだったが、もっと重視すべきは、書くことで人間として生きるということにあった。したがって、いかに現実をとらえ、いかに思考を深め、それらをいかに言語化するかといった、一つの文章表現（作品）を成立させる過程的行為を、主体が人間として生きる行為として、いかにして成立させるかが問題だった。即ち、作文の題材、あるいは内容以上に、表現を成立せしめる書く行為の成立（方法）が問題だったのだ。そのことを取り上げて明確にしたのが、国分一太郎の「生活綴方的教育方法」であった。

2　行為としての学びを育てる生活主義書くという行為

生活綴方の文章表現としての特質は、昭和の初期において、厳しい生活の現実を、ありのままに文章に書くということにあったのは確かだが、しかし、その時代でも、重点は、題材よりも、書くという行為にあったはずである。だから、具体的には後で取り上げるが、滑川道夫《なめかわみちお》の指導した「通行するものの研究」のような、調査報告文も書かれていたのだった。

しかし、子どもをめぐる生活の現実の厳しさから、日常の生活に題材の重点が置かれるようになったのは必然だった。そんな中でも、特に注目すべきは、国分一太郎が、生活綴方において、何が重要かという問題を見失うことなく、認識行為としての「生活綴方的教育方法」に指導の重点を置いたことである。「生活綴方的教育方法」についても、改めて後述するが、国分は、現実認識としての生活綴方を成立せしめる方法自体を、学びの内容としたのである。即ち、生活を題材とする作文の書き方ではなく、国分が重点を置いたのは、現実をリアルにとらえ、認識を確かにする認識形成行為、そのための能力を育てる生活綴方的教育方法であった。

子どもにとって大事な、アクチュアルな問題を題材とすることを軽視してはいけない。しかし、さらに重要なことは、書くという行為を通して、目の前の現実をどうとらえ（認識）、どう考えるか（思考）である。私の視点から言わせていただくが、国分において、生活綴方の価値及び問題は、題材としての生活の現実ではなく、対象を認識し、表現するという行為（特に認識行為）自体にあったと言っていいだろう。

「書くこと」を生きる

生活綴方を支える教育思想を生活主義というなら、その本質は、一般には、日常の生活の厳しい矛盾に満ちた現実をリアルにとらえることにあったと考えられてきた。しかし、国分は、生活綴方の特質を、書くことの対象としての厳しい現実、即ち題材にではなく、書く行為自体、書くことを成立させる認識行為自体に見た。言い換えると、何を書くかではなく、どのような認識過程を経て、どのようにして書くかに見たのである。

国分一太郎が矛盾に満ちた社会の現実を見つめ続けていたことは改めて言うまでもない。しかし、彼が作文指導で重点を置いたのは、表現の題材、あるいは内容ではなく、物事を認識し表現するプロセス（認識・表現の成立過程）あるいは、表現の方法であった。

厳しい生活の現実を題材とする生活綴方が生活主義と言われたが、生活綴方の教育としての本質は、現実の生活を書くことにではなく、人間が、人間として自立し、人間として生きる営み（＝生活）として書くという、その行為を生きることにあった。さらに言うなら、書く行為を生きる、即ち、書くことで人間として生きるということにあったと言うべきであろう。そして、書くことを学ぶための作文活動ではあっても、その学びを生きること自体、人間として生きることであった。それは、明確に意識されてはいなかったかもしれないが、実践的に生活綴方教育を進めている現場の教師に、共通する意識だったのではないだろうか。

3　新・生活主義教育の提唱

人間が人間として生きる

現実のもの・ことをリアルに描くことで、人間として生きる。そのことを通して、人間としてものを見る目を育て、考える力を育てる。そこに、生活主義教育としての生活綴方の本質があった。今日、認識の対象、及び表現の技術は、さまざまなひろがりを見せてきている。新聞の記事やテレビの画面なども、大事な情報テキストであって、そこに問題意識を喚起されて「問い」を立て、その問題を追究することで、認識・思考を形成し、情報を発信するといった活動も、そのテキスト受容（認識活動）を基礎に、情報の加工を経て、新しい情報を生産・発信する（思考・表現活動）といった情報生産的活動も、創造的・過程的行為として成立するという点で、生活主義教育の本質に根を下ろしたものとして実践されるべきであろう。要するに、問題をとらえ（問いを立て）、情報を収集し（事物を認識し）、思考をまとめる（思想を形成する）、その問題追究・認識形成としての情報生産の過程を生きること自体、人間として生きることであり、情報活用・思想形成の能力を育成することにつながるはずである。

思想の形成・創造

事象認識から思想形成までの過程を生きる生活綴方の学びは、生活主義という語で、その学びの特質がとらえられてきたが、認識対象を言語情報や映像情報にまで広げ、その受容（認識）から、再生産（創造）・情報発信（表現）までの過程を生きる学びを、「新」の語を添えて「新・生活主義」とし、事象認識から思想形成を生きる学びのはたらきを明確にしたい。

その思想形成のはたらきは、生活主義のものだが、「問い」を立て追究する、あるいは相互交流を通して、認識・思考を成立させるといった思想形成の過程的な活動は、今後、さらにその拡大がはかられなければならないであろう。

くり返すが、それらをも視野の内にして主体的な認識・思考の能力を育てる教育を、「新」の文字を添えて「新・生活主義教育」とする。言うならば、生活綴方的教育を成立させる、学び手の「学びの行為」に視点を置き、生活主義の学びの理論を、国語教育のすべての領域の思想の形成・創造を貫く言語能力育成をはかる言語教育理論として、その思想を継承し、情報受容・活用活動までを視野に入れて、その建設・再創造をはかろうとするものである。

すべての言語を仲立ちとした言語活動を、人が人として生きる営みとして成立させる。――そこに、すべてのことばの学びの契機がある。

その視点から、日常の授業を問い直す。

教室をこそ、子どもたちが、ことばを仲立ちに、人間として生きる場とする。

そこに、初めて、人間教育としての国語教育の可能性が生まれる。

二　近代教育史に見る生活主義教育

はじめに　生活主義教育の思想

「生活」をキーワードとして、「生活教育」「生活主義」が教師の現場実践を支え、動かすようになったのは、昭和の初期のことであった。同じ志の教師たちが集まって、本節で取り上げる『綴方生活』（昭和四年）や『北方教育』（昭和五年）『生活教育』（昭和九年）など多くの雑誌が刊行され、「生活」を発想の基盤とする教育は、「生活綴方」を中心に全国的な広がりを見せた。

『北方教育』の主幹成田忠久《なりたただひさ》に協力して、生活教育運動の中心にいた滑川道夫は、戦後、成蹊小学校の主事として、昭和二三年九月『生活教育の建設』を牧書店から刊行したが、その「はじめのことば」で、「戦争に見とおしをつけて」去っていった成田忠久を思い、「この人のためにもいつか『生活教育論』を書きたいとしみじみ思ったのであった。」として、次のようなエピソードを記している。


　戦争の激しさが加速度化していった一九四二年の二月、私は住居近くの武蔵野のこみちを、波多野完治さんと並んで歩いていた。

「戦争が終ったら、生活教育の雑誌を起こそうね。」

「おたがいに生きていたらね。」

「ほんとうに生きていたらね。」

　といった会話をかわしながら歩きつづけた。波多野さんは、フロシキづつみをこわきにかゝえていつもと変らないすがたをしていられたが、おたがいに、いつ爆死するかわからない運命の下を歩いた。（略）

滑川道夫は、この後、本文中で、昭和の初めから自分たちが取り組んできた「生活教育」とはどのようなものかについて述べているのだが、戦前は、それがどのような教育思想であるかについては、論じる人がいなかった。しかし、生活綴方の実践者たちは、本書で検討するように、「生活教育」あるいは「生活主義」の教育が、子どもの生活の現実を大事にする教育だというところや、生活の現実をしっかりととらえる認識力を育てる教育、現実の生活に生きてはたらく力を育てる教育というところでは、誰もがわかり合っていたように思われる。

生活綴方というと、一般的には、生活の現実をリアルに描き出す作文だと言ってもいいだろう。それは、自分が直面している生活が題材になっているからであり、それをリアルに描き出す現実認識の力をつけるところに教育的意義があるからである。しかし、その指導の実際を見ると、生活とは、認識の対象だけではないのではないかと思わせられる。確かにそれらは大事なことではある。しかし、「生活」とは、子どもにとって主体的な認識対象とか、主体的に関わり合う現実の生活だけではなく、書くことを通して、人間として主体的に生きること自体なのではないだろうか。だから「生活綴方」とは、現実の生活を書く教育というよりも、書くことを通して人間として生きることの教育であり、「生活教育」とは、人間として生きること自体の教育、生きる力を育てる教育だと言うべきではないだろうか。

＊　＊

このことは、滑川道夫先生、国分一太郎先生のお二人を、かつて私の勤務校であった東京学芸大学に、それぞれ別の機会に講師としてお迎えした時から抱いていた思いであり、私の素朴な疑問なのだが、直接お伺いできないままであった。お二人への感謝の気持ちも込めて、私の生活主義に対する考えを記させていただくことにする。

1　生活主義教育の原点・生活綴方

(1)『綴方生活』『北方教育』

「生活教育」「生活主義」など、「生活」をキーワードとすることばは、昭和の初めの頃から、教育における「生活」の重要性を論ずる中で、特に綴方の教育を論じる中で使われてきた。

昭和四（一九二九）年創刊の『綴方生活』は、「吾等の使命」と題する巻頭言の最後を次のようなことばで結んでいる。

「綴方生活」は教育に於ける「生活」の重要性を主張する。生活重視は実に吾等のスローガンである。

また、野村芳兵衛《のむらよしべえ》は、創刊号所収の「綴文欲求の発生とその指導」と題する論考で、次のように言う。

綴方指導の要諦としては生活的には、子供自身に子供の生活の中心者であらせるやうにし、子供には子供相当に、自分の生活を観照させることを心掛けねばならぬし、(略) 子供に子供の生活を開放すること、そこから生活創造の教育、自己表現の指導の道は開かれるのだと言ふことを、先づ第一に私は感じないでは居られない者である。

ここでの「生活」は、作文の題材としての日常の生活を指していると言ってもいいだろう。翌、昭和五（一九三〇）年創刊の『北方教育』は、自分たちの立場を「生活台」に立つとし、発刊の中心となった滑川道夫は、創刊号所収の論考の中で「生活的綴方教授の思潮」として、次のように言う。

文は生活の表現である。生活こそ文の母胎である。（略）表現能力の伸長は生活の成長にある。母胎を培はずして何の表現があらう。（略）

昭和九（一九三四）年には、更に野村芳兵衛を中心とする『生活学校』が創刊され、生活教育は、全国の若き教師たちによって支持され、実践されるようになった。

また、現場の教師だけではなく、石山修平《いしやましゅうへい》などの教育学者にも強く意識されるようになった。石山のことばを引用しておこう。

生活教育はまさしくかかる準備説に反対して、現在生活そのものに独自の価値を認め、それの充実を人生の目的――従って教育の目的――と考へる。そこでは教育の本質は、遠き未来の目的に対する現在生活の規制ではなくて、児童が現在の「地位」（situation）に於いて（略）問題とする所を解決せしめ、必要とする所を充足せしめ、興味の方向に全我を傾けて活動せしめることに存する。従ってそこでは、教育の目的は現在の地位と隔離した彼方にあるのではなく、（略）現在の眼前一歩の所に在るのである。

『国史教育と解釈学』（晃文社、一九三八）

前記のような定期刊行物の発刊と共に、学習者である子どもにとっての「生活」重視は広くアピールしたが、「生活教育」とは何か、それはどのような思想的な根拠に立つのかなど、その教育的意義については本格的には論じられることなく、ひたすら現実生活重視の実践が展開した。

(2) 生活綴方と生活主義教育

明治期以降の我が国の近代教育史において、学習者である子どもが現実に生きている生活主体として学習に取り組んだ最初の動きは、大正末から昭和にかけて、全国的な広がりを見せた生活綴方においてであった。

当時の我が国の国家主義的な制度としての学校の枠組みの中で、国定教科書による読本中心の教育が時代をリードしていたのだったが、そんな中で、生活綴方は自分たちが経験する日常生活上のもの・ことを題材とし、それをそのままことばで表現する、極めて主体的な活動として全国的に広く実践されるようになった。そして、その子どもの主体的な学びを基軸とした教育活動を強力に推し進めた。その主力は、小学校の教育現場の教師たちだった。

特に、昭和の初頭、全国各地の小学校の教師たちによって次々と刊行された教育同人誌は、編集母体を異にしながら、共通して子どもの生活に視点を置き、その充実・発展を求めて刊行された。その背景には、ルソーやペスタロッチなど、西洋の先進的な教育思想の導入があったのは紛れもない事実なのだが、しかし、以下に挙げるような実質的な教育同人誌は、決してそれらを下敷きにしたものではなかった。即ち教師たちは、あくまで自分の教育現場に視点を置き、それぞれの生活の現実に即し、実践を通して、教育の可能性を追求した。そして、そこで大事なことは、その可能性の追求が、「生活」という語を視点に展開したことである。

当時、刊行された雑誌に集う同人に共通することは、教育実践のあり方を、何らかの具体的な教育現場を踏まえて語っていることである。彼らの多くは、先行理論を下敷きにすることなく、基本的には自ら実践者の目で、子どもを語り、教育実践のあり方を追究しているのである。特に、この後取り上げる国分一太郎と滑川道夫の二人は、その追究にとどまることなく、「生活」という語をキーワードとして、その視点から、具体的な実践のあり方を論じ続けた。

大事なことは、国分も滑川も、さらには多くの教師たちが、あくまで理論よりも実践を掘り起こすことで、綴り方教育の可能性を論じたことだ。しかし、その後、生活綴方は、一つの教育運動の様相を呈するようになり、政治的弾圧の対象となった。そして、「生活」という語は、生活綴方を通して、作文の題材である認識対象としての現実の生活を意味するものとして、一般化して広く使われるようになった。しかし、その実、「生活」の語がどのようなことを意味するかについては、論議の対象にならなかった。そのため、「生活」を、「何を書くか」といった作文の題材としてとらえ、自分たちの暮らしの現実とか、厳しい社会的な現実を意味する語として、それを書くことで、現実社会に対する批判的な内容を求めていった傾向がなかったとは言えない。「生活」の語の内容を明確にすることがなされなかったため、生活綴方は社会批判的な内容のものとする傾向を強めていったと言えよう。

確かに生活綴方が、現実世界の問題をとらえ、それを通して社会批判的な方向に思考を深めていったことがなかったとは言えないであろう。それも、書くという行為のはたらきではあるのだ。しかし、教育において「生活」は、どのような意味があり、どのようなはたらきを持っているのだろうか。「生活」あるいは「生活教育」の語をキーワードとして、どのような教育を求めたのだろうか。昭和の初頭の文献から、いくつかを取り上げて検討してみよう。

(3) 雑誌『綴方生活』――昭和四（一九二九）年九月創刊

小砂丘忠義《ささおかただよし》、野村芳兵衛ら同人による『綴方生活』は、「吾等の使命」と題する巻頭言で、次のように言う。（創刊号の編集発行人は、志垣寛《しがきひろし》）

「綴方生活」は綴方教育の現状にあきたらずして生まれた。（略）

「綴方生活」は教育に於ける「生活」の重要性を主張する。生活重視は実に吾等のスローガンである。

この巻頭言の言う「『生活』の重要性」「生活重視」とは、どういうことか。この『綴方生活』の創刊号から、野村芳兵衛と、同人の中心であった小砂丘忠義の論述を読んでみよう。

野村芳兵衛は、「綴文欲求の発生とその指導」と題する、きわめて優れた論考を寄せて、文章を書きたいという欲求、即ち「自己表現の欲求」をはたらかせることの重要性を指摘し、綴り方指導に関して、次のように述べている。

綴方指導の要諦としては生活的には、子供自身に子供の生活の中心者であらせるやうにし、子供には子供相当に、自分の生活を観照させることを心掛けねばならぬし、又適当な時に、子供が手紙とか日記とか旅行記とか言ふものを書くならば、そこから自然な綴文表現道を目覚させて行かねばならぬ。

ここで、野村が特に強調しているのは、子どもが、自身の生活の中心者として、自分の生活をリアルにとらえることの大事さである。自分の生活を「観照」するとは、現実を、主観を交えず客観的にとらえることであって、ここには、生活の現実に対する野村の姿勢が表れていると言っていいだろう。

この創刊号には、本誌の実質的なリーダーとして活躍する小砂丘忠義のきわめて意欲的な一文「作品に表はれた現代綴方の功罪」も載っている。その最後の部分を次に引用し紹介しよう。小砂丘は、「子供の生活」についてどのように考えていたのだろうか。

まづ生活を豊富旺盛にしてやることを忘れて、表現の指導に没頭してゐる傾がないとはいへない。口ではいかに「自由にかけ」「思つたまゝを」「題がないとは何事だ」と、大声しっ呼してゐようとも、その実肝腎の子供の生活は、国定教科書と先生の頭とで規定されてしまつてゐる。

（略）

今日の綴方の立ち直るべき道はたゞ一つ。子供は子供の世界に自由にはねまはり、思ふさまあばれちらしてい、といふ約束をまづ認めねばならない。出さんにも語らんにも、彼らに生活がなく、出すべき個性が鈍りきってゐる（略）。物を見、物を聞いた時、はつらつとして動く心、ピチピチと感動する心、それが第一に培はれなければなるまい。

小砂丘は、この引用の前に、植木師の「枝を作るばかり」ではない、「根を培ひはらせて徐ろに伸びる力、堪へる力を養ふ」心づかいについて述べており、その上で、今の子どもに「子供の生活」がないということを、くり返し言う。小砂丘の言う「子供の生活」とは、「国定教科書と先生の頭」とによって規定されることなく、また「画然と規制の形式」の中に固められることのない世界である。そこで、小砂丘は子どもが「子供の生活」を取り戻すこと、そのためには「子供は子供の世界」を自由にはね回ることを認め、「はつらつとして動く心、ピチピチと感動する心」を培わなければならないと言う。ここには、素朴ながらも「生活」をキーワードとする、「子供の人間宣言」がなされていると言っていいのではないだろうか。

『綴方生活』は、翌一九三〇（昭和五）年九月、小砂丘忠義を中心とした計十名の同人名で、次のような「宣言」を出す。

生活教育の叫ばるるや久しい。されど現実の教育にあつて、これこそ生活教育の新拓野であると公言すべき一つの場面を発見し得るであらうか。

（略）

社会の生きた問題、子供達の日々の生活事実、それをじつと観察して、生活に生きて働く原則を吾も掴み、子供達にも掴ませる。本当な自治生活の樹立、それこそ生活教育の理想であり又方法である。

小砂丘らの同人は、「子供達の日々の生活事実」をとらえ、そこで、「生活に生きて働く原則」を見出して、自ら、人間として生きていく生活（自治生活）を生み出す力を育てたいと考えているのである。そこでは、「生活」は、自分たちが人間として生きる現実の生活を指し、綴り方は、そのような「生活教育の中心教科」として位置づけられることになった。つまり、綴り方には、国語科という教科の枠を超えた「生活教育」としてのはたらきが見出されていたのだった。

⑷ 雑誌『北方教育』――昭和五（一九三〇）年二月創刊

秋田の「北方教育社」より、成田忠久によって創刊された雑誌『北方教育』は、巻頭言「吾等が使命」において、次のように言う。

一、北方教育は……北方的環境に根底を置く綴方教育研究雑誌である。
二、吾々は方法上の観念的な概論や空説を棄て、具象的な現実の中に正路を開拓する事を使命とする。
三、「北方教育」は綴方教育のみならず……教育全圓の検討を意図するものである。

この『北方教育』の発刊を大きな契機として、現実の生活を土台とする北方教育運動が、全国的な広がりを見せることとなった。

「生活綴方」という文言は、『北方教育』誌上では、第一〇号（一九三三・一）所収の加藤周四郎《かとうしゅうしろう》「生活綴方の現実の問題」が初出だと思われるが、しかし、学習活動としてのその本質的なあり方については、巻頭言「吾等が使命」において「吾々は方法上の……具象的な現実の中に正路を開拓する……」を始め、創刊号所収の小林恒二《こばやしこうじ》「児童文の表現の特質」などで言及されていた。

なお、『北方教育』の刊行に、最初から協力・参加していた滑川道夫は、その後、さかんに発表された論考に対して、戦後のことだが、「北方性は単なる地域性でなく地方文化の現実的な発揚と意欲的な生活性を包括するものであること、生活を発展的に見、生産と消費の両極を統一づける社会的人間生存のあり方として指導の対象とするということである。」（滑川「生活綴方の発展」）と言っている。即ち、生活綴方は、「表現のための綴方指導」から、「生活のための表現指導」へと、つまり「生産的生活を高めるための生活技術としての表現技術」を身につけさせる方向に展開していったということである。

小林恒二「児童文の表現の特質」

さて、まず、創刊号所収の小林恒二「児童文の表現の特質」を見ておこう。小林は、冒頭で「綴方は児童の生活科であり人生科である。」と言い、綴方の上に読むべきは、「従来の綴方教育の指導力の内容であつた文脈の正、不正……」などではなく、「児童の生活」であり、「解放された子供自身のありのまゝの生活を子供のもつ言葉の範囲で表された子供の姿である」あるいは、「何を生活の対象としそれに対して正しき正確な観照と感動をもつて生活に呼びかけをしてゐるか」だと言う。現代の私たちの視点から見るなら重点的に見るべきは、言語的な正誤ではなく、児童の生活だというのは当然のことのように思われるかもしれないが、昭和の初めにおいては、革新的な提言だったと思われる。

佐々木《ささき》昂《たかし》のリアリズム

綴り方と生活との関係については、その他、多くの発言がなされているが、その中から、第三号（昭和五（一九三〇）年）掲載の佐々木昂「感覚形態」を見てみよう。

佐々木のこの論考は、「綴方の問題は生活と表現とだ。」の一文で始まり、作品にとって大事なのは、「主題」であるということを認めた上で、さらに「主題を規定するものがその以前に存在する即ち人間生活である。」と言う。そして、「生活感情——感覚のないところに肉迫力の強烈な作品が生誕する根底がない」のであって、それは「個の全経験、感覚の窓を意識、無意識の間に通過したところのものに依存する、歴史的にしてしかも社会的に過程されてゐるところのドットだ。」という。即ち、「生活感情——感覚」こそが、作品の生まれる根底にあるドット（点）であり、それは生活を契機に生まれたものだと言うのである。ここには、生活と作品との間の必然の関係が論じられているのである。それは、後の佐々木昂のリアリズム論を生み出す契機となったと言っていいだろう。

ここでは、その後展開する佐々木昂のリアリズムについては丁寧に紹介・検討する余裕はないが、大事なことは、佐々木がここで、認識主体と客体との関係について論じていることである。即ち、佐々木は「リアリズム綴り方教育論（一）」において、次のように言う。

客観的事実存在は一般的に吾の外なる——したがって客観的に感知され得るところのものとして理解される。その世界は「自然」であって必ずしも特定の我の感性や知性すなわち意識を予想することなくそれ自体独立にも「ある」ところのものである。

ところが、「あるがままに描こうとする対象自体、特定の我に選択された目的的素材」なのであって、「表白が我自らのものとして意味を持ってくる」という。従って、「ありのままに描く」ということは、「我の観た相のままに描くこと」であって、「存在そのものではなく、存在と我との関渉の——交渉のあり方に於いて——一つの変容として表白される」というのである。

ここで、佐々木は、リアリズムにおける主体と認識対象との関係を問題にしているのである。即ち、リアリズムと言っても、主観を抑えて、現実をありのままに描写する表現の仕方ではなく、現実の物事に対する主体のあり方が問題とされているのである。教育の問題として言うなら、「ありのまま」と言っても、そこでは必然的に学び手である子どもの立場、あるいはものの見方が関わりを持ってくることになる。「ありのままに書け」と言っていればいいというものではないのだ。これは、主体のあり方に関わる重要な問題提起であったと言うべきであろう。

『北方教育』誌上、四回（九・一三・一四・一五号）にわたって展開された佐々木昂のリアリズム綴方教育論は、綴方教育におけるリアリズムの問題に対する関心を高めることになった。滑川道夫の「綴方教育におけるリアリズムのあり方と方向性」（『北方教育』一五号、昭和一〇（一九三五）年）は、佐々木に近い立場にいた滑川の発言だけに注目されるところである。滑川は、「生活の深まりのためにこそリアリズムを求めなければならない。」「生活の非虚飾性現実性の謳歌（略）を警戒することとともに、こうした裸体の生活を教育者が認識する（略）という二重の循環的難点も見出すことができるのである。誤ったリアリズム尊重は、決して正しい綴方の発展には役立たない。」と、その立場を明らかにし、氏の後の提唱「生活構成の綴方」につながる、次のようなリアリズム観を提起している。

生活の現実性に立脚して構成することである。児童の側からいえば、ありのままに描くことをやめて、その現実を作品に組み立てていくのである。すなわち現実を構成することによって真実を構成すると言うことを規範とするリアリズムである。

滑川が、表現は、現実を「ありのままに描く」だけではなく、「作品の中に再構成」させるものでなければならない、というのは、事実を再構成するのが表現だという考えを持っていたからである。これは、リアリズム論の次元を超える視点の提示だったのだが、当時は、ほとんど顧みられることはなく、今思うと、私見ながら、これは残念なことだった。

なお、教育史の視点から『北方教育』を見た時に、改めて注目すべきは、前に紹介した昭和八（一九三三）年一月の第四号に続く、一一・一二・一三・一四・一五号所収の加藤周一郎「生活綴方の現実の問題」なのだが、その検討は他日を期すことにする。

生活と表現の問題

以上、「生活」に視点を置き、『北方教育』誌上、そのことに触れた小林恒二と佐々木昂の論考について検討した。特に、佐々木のリアリズム論が明確にしているように、生活の現実を描くといっても、そこには、それと主体がどう関わるかの問題が存在するのである。即ち、「ありのままに描く」と言っても、客観的存在である対象は、「我」との関係において存在するものである。生活の現実は、それと関わって生きる主体との関係において、問われなければならない。「生活」が「我」との関係において存在する以上、「ありのまま」のリアリズムを基盤とする表現は、我＝主体との関係として問われなければならない。佐々木昂は、リアリズムの問題を、生活と表現とに関わる問題として、そこまで考えていたのではないだろうか。

「生活」は、主体のあり方との関係で存在する。佐々木は、この時点で、主体にとって外なる現実は、その実、主体との関係において存在するというリアリズム論に立っていたのだった。この問題が、『北方教育』に属する同人たちにどこまで共有されていたか。だが、少なくとも「生活主義」は、主体が現実とどう関わるかの問題としては受け止められていたのではないだろうか。

補記

生活綴方は、昭和一五（一九四〇）年二月の村山俊太郎《むらやましゅんたろう》の検挙に始まる弾圧を受けることになったが、昭和一七年度思想特別研究員検事堀口春蔵《ほりぐちはるぞう》の報告「生活主義教育運動に就て」（司法省刑事局）によると、昭和一〇年頃を境に「生活教育」「生活綴方」と「生活主義教育」「生活主義綴方」とに分け、後者を「人民戦線的教育運動」として弾圧の対象とし、一三一名が検挙ということになったとされる。そのため、生活綴方を書かせること自体が偏向教育と見られることになったが、しかし、言うまでもないが、生活綴方による教育自体は、決して思想的に偏向したものではなかった。さらに言うなら、昭和一〇年頃を境にして、生活綴方と生活主義綴方とを対応させ、後者を偏向としたこと自体、生活綴方の教育活動としての本質を正確にとらえたものとは言いがたいのではないだろうか。生活綴方といい、生活教育といい、学習者である子どもの置かれた生活の現実を踏まえ、そのリアルな認識行為自体を学習活動とするという点では、本質的には同じ生活主義の教育と言うべきであろう。

2　生活綴方の実践的追究・国分一太郎と滑川道夫

戦後の経験主義教育の主流は、生活教育をカリキュラムに位置づけるということで、さまざまに展開し、日本生活教育連盟という大きな組織まで結成されたが、ことばの教育の視点から、今、改めてその意義と価値とを見直すべきは、戦前、戦後をくぐり抜けた、生活綴方の実践を支えた生活主義の教育思想ではないだろうか。ここでは、「生活」をキーワードとして教育のあり方を追究した国分一太郎と滑川道夫との実践に関わる言説から、「生活主義」の教育が、どのように考えられていたか、どこに教育の可能性があるのかについて、探っていきたいと考えている。

戦前から戦後にかけて、一貫して国語教育の実践的な問題に取り組んだ教師は多いが、その中でも、特に国分と滑川の二人は、共に『北方教育』に参加し、小学校の現場で、生活主義教育あるいは生活教育の問題と取り組み、それぞれ現場を離れても、一貫して教育実践の上に、その理念を実現しようとした、言うならば実践的研究者である。先述したが、師範を出たばかりだった滑川は、成田忠久を助けて『北方教育』の創刊に力を尽くし、国分は、当時、開通して間もない奥羽本線で、山形の村山（現・東根市）から県境を越えて『北方教育』に参加したという。その国分・滑川の二人は、戦後、それぞれ立場を異にしながら、終生、共に教育を語り合った友であった。その二人が、あくまで、実践の問題として、生活教育あるいは生活主義のあり方を追究したのだった。ここでは、その二人から学べるものを、記させていただくことにする。

⑴ 実践者の視点からの理論的追究――国分一太郎
子どもの学びをひき出す

国分一太郎は、昭和五（一九三〇）年春、山形師範学校を卒業するが、在学中の一九二九年一〇月、その年文園舎から創刊された『綴方生活』を手に取り、小砂丘忠義、野村芳兵衛、峰地光重《みねじみつしげ》、さらには、東京高師附小の千葉春男《ちばはるお》、田中豊太郎《たなかとよたろう》らの論述を通して、「生活科としての綴方、人生科としての綴方」の考え方、さらには「調べる綴方」「調べた綴方」の提言などと出会う。特に、野村・峰地に関しては、「よい綴方の作品をめざす指導」ではなく、「綴り方を書かせることを教育の一手段として考えていくわたしのくせは、ここからつけられた」と言う。また、『綴方生活』は、時代状況を背景に、「現実に目をひらくことの大切さを終始教えてくれた」と言う。

一九三〇（昭和五）年、秋田の北方教育社から『北方教育』が発刊されると、国分は県境を越えて、そこの講習会に参加し、滑川道夫・佐々木昂らと親交を結ぶようになる。また、「北方性」ということが話題になり、「現実的な生活を表現させる綴り方のしごとを中核」とした実践をしようとする。

その後、昭和一〇（一九三五）年一月、池袋児童の村小学校を母体とする雑誌『生活学校』との出会いを通して、「生活の現実を批判する土台となる科学的・理性的な認識を与えることの必要」に気づき、『生活学校』で論じられるような基礎的教育内容の可能なかぎりで十分な充足ということが重要だ」と思うようになる。（以上は、『生活綴方ノート』（昭和三二（一九五七）年）、および『生活綴方とともにⅠ』（昭和一〇（一九三五）年）による。）

国分が、教師として教育現場に立つことができた時間は、決して長くはなかった、しかし、国分は、終生、現場教師の視線で「もの」を見、「もの」を語り続けたが、その原点には、自身の小学校教師としての子どもの学びとの出会いがあった。子どもの現実と出会い、子どもの内側からの学びを引き出そうとした。子どもの内側からの学びを引き出す指導者としての目が、主体的にして創造的な言語活動としての生活綴方の基本的な性格を形づくっていった。それは、国分ならではの、まさにねばり強い努力なのだが、しかし、それは生活綴方を通して子どもの可能性を引き出そうとする教師に共通する苦労でもあった。国分の苦労が、綴り方教師としての知恵となって結晶しているのが、戦後の一九五二（昭和二七）年刊の『新しい綴り方生活』だった。この、現実的にして、しかもきわめて親しみやすい生活綴方の実践的解説の書は、教科書教材にもなったし、作文指導と取り組もうとした若い教師たちに、勇気と知恵とを与えてくれた。

教師としての原点――生活の掘り起こし

そのような国分、子どもの表現を引き出し、育てようとした若き日の国分が、どのようなことと取り組み、どのような苦労をしたか。彼の、作文教育観の基礎を形づくることになった若き日、国分が何を求め、どのようなことと取り組み、どのような苦労をしたか、それを彼の最初の論考「『綴方採掘期』報告」（『教育・国語教育』（昭和九（一九三四）年。後に新評論刊の『生活綴方とともにⅠ』に収録）の上に見てみよう。

教職に就いた国分が、初任の頃、どのような努力をしたか。それが「『綴方採掘期』報告」に、丁寧に記されている。そこから国分が行った「生活からの綴方採掘期の仕事」の跡をたどってみよう。

教職に就いた国分は、「生活がないわけではない」のに、「自分たちの生活のどこから綴方を採掘してくるかがわからない」子どもたちに、「心に面白いと思ったことがら」を書けと言い、さらに「詳しく詳しくと口やかましく」言って、子どもの作文の行間に「どんどんと足りないところ」を指摘していったという頃から、作文を書くことによる生活の事実の掘り起こしに重点を置いた。

国分一太郎の綴り方教師としての原点は、生活綴方による子どもの生活の掘り起こしにあったと言っていいだろう。彼は「生活がないわけではない」のに「『題なし』と行数の少ない子どもたち」と出会い、「題がない」と言うけれど、「生活がないわけ」ではなく、「生活から、どの場面をきりとってくるか、自分たちの生活のどこから綴方を採掘してくるか」がよくわからないということに気づく。「心に面白いと思ったことがら」と言ってもわからない子どもたちに、「百姓の仕事、生活のこと」を話しかけ、「自分たちの毎日毎日のくらしかた」について、「いいなと思うところ、うれしいところ、たのしいところ、いやだと思ったことやくやしかったこと、おどろいたこと、悲しかったこと」などを、「よく反省してみること」をすすめる。

ここまでの指導は、心に残った生活の中のすべてが、作文の題材になるということを言っているのだが、それを綴方に書くのは、「生活を勉強することだ」と言って聞かせるところから、「ねうち」の問題が出てくる。「飯食ってねた綴方」ではない、「人の心を動かした力」がある文は、「いままでみんなが書いたのと違ったことがらを見つけてある」文であって、「ねうちのある文」だというのである。国分の綴方指導の中で、最も大事なところである。

さらに、国分は、「詳しく詳しくと口やかましく」言って、詳述の仕方や、概念的ではない具体的な表現への意識を高めるようにした。例を一つ挙げると、ある時は、目をつぶっている間にリンゴを二つ机の上に置き、目をあけた時のことを何でもいいから書かせて、一つのリンゴによって触発されるさまざまな生活の思い出などを語らせるようなことをして、「生活からの綴方採掘仕事」を少しずつ進めていった。

また、生活画（想画とも言われる）の指導と関連づけて、「あるときのことを、あるときの心を、そのところだけを、細かに、詳しく入れなければならない」として、詳述のことや心理描写のことなど、そして、「綴方と生活から、削り取ってくること採掘してくること」などの指導を進めた。

ここまで進めてきて、「足りないものは足りない」と言ってやる段階になって、いよいよ「赤いペンを持って、行間にどんどんと足りないところを書いてやる」、即ち「足りないところは、足りないとその場所に質問してやる」ようにした。ここで、国分が質問によって意識化させたのは、「表現の技術」ではなく、綴方に取り上げるべき「生活事実」だった。

基礎的な技術

赤ペンによる生活事実の掘り起こしに続いて国分が子どもに向けてとった方法の第二は、「したした文」と「している文」との「違いを覚えさせること」だった。「いましている、しているとゆっくりいうことが大切だ」と語ってやった。さまざまな場面の「スケッチ」も、「基礎的な技術訓練」として国分が取り入れたことだった。さらに、「文にテーマ（ねらいどころとして）を持たせること」や、「峰地光重の観点」を取り入れて「嬉しさの心を、いろいろの方面」から描き出すこと、また「綴る前に文の計画を書かせること」などを指導した。ここまで指導を進めてきた国分だったが、自分の指導を厳しく振り返り、次のように言う。

足りない点はまだまだありすぎた。子どもの生活態度、生活関心にも、題材分野にも、表現技術にも幾多の不足はあった。
（略）
物足りなさを感じながらも、しかも消極的な綴方ばかりについて語ってきた。けれども、さらに不足するものはあったのだ。

国分は、こう言って、「1、観察の綴方の必要　2、綴方のために生活することの必要　3、綴方の使う部面の必要　4、自分の綴方から、みんなの生活具となった綴方への希求」の四つを挙げる。

生活に生きる綴方――役立つ綴方

ここまできて、ようやく国分は、「いよいよ綴方をひろげてやるときがきた。」と言う。そして国分がやったことは、「綴方採掘をさせる一方、綴方栽培をさせる」ことだった。それは、生活上の事実を取り出す「生活観察」から、いかに生活すべきかの「生活方法」の発見、認識へと視点を引き上げることを意味した。次の事例は、その一つの具体例である。

けんかした者は報告書を書かされたりした。また、その批判を書かせたりした。こうして綴方は生活具ともなった。

これは、「生活具」として生かされた生活綴方の例である。綴方は、あくまで事実に即して、「生活反省よりは、実に認識的であり、客観的」なのだが、それが書き手自身に「生活方法の発見、認識」をもたらすと言うのである。

上記の引用に続いて、国分は、次のように言う。

仕事をしたら、その生活描写もいいが、仕事を覚えて、それを綴方にして皆に知らせろ。生活方法を綴れ。あるがままに、美しい綴方からあらせる綴方がほしい。兎も飼っていても、可愛らしいだけではいけない。兎の病気の見つけ方を知り、好きな草ときらいな草を調べ、兎の飼い方を研究せよ。兎の成育を観察せよ。百姓のことは先生は教えられない。働いて覚えよ。覚えた証拠は綴方に書け。先生に見せてくれ。級のみんなに見せてくれ。ここに誰によませるともあてなしに、なんとなく語りたい綴方から、意識的に級のみんなに教え合う綴方が出てくるのだ。

ここには、「生活綴方」の指導のねらいが、端的に語られている。即ち、国分は、綴方で、まず「生活事実」をとらえ、「生活描写」でする現実認識の段階を基盤として、それにとどまることなく、「仕事をしたら、その生活描写もいいが、……それを綴方にして皆に知らせ」る段階に進まなければならないというのである。「なんとなく語りたい綴方」のレベルから、「意識的に級のみんなに教え合う綴方」のレベルに進むことを求めているのである。

そして、前記引用に続けて、「級のためになる綴方が欲しい。役立つ綴方を書け。」とまで言って、書く活動を、個人の表現活動の次元にとどめず、「協働意欲を持った学級生活の建設」に資する活動としているのである。これは、まさに国分一太郎の生涯を貫く生活綴方観であった。そして、すでにここには、「生活綴方的教育方法」の基底となる綴方観が語られているのである。

「生活」の語に立ち返って考えてみると、国分一太郎にとって、それは、認識対象としての「生活」であるが、そこにとどまらず、まさに生きることを意味したのではないだろうか。即ち「生活綴方」とは、国分にとって、書くことで現実をありのままにとらえることであるとともに、人間として厳しく生きることであったと言っていいだろう。

教育史にも残る国分の「調べる綴り方」の実践、そして「教える綴り方」の実践は、ともに書き手である子どもの視点から、その書く行為を、主体のものであり、充実したものとして成立させようという教師の思いが生み出した必然のものであった。有名な「もんぺの弟」の実践などを経て、きわめて実践的な性格の強い「文話指導系統案」の作成、『綴方指導読本』の刊行など、国分は、徹底して、実践を踏まえた発言を続けた。自らの実践を振り返り、実践を踏まえて、生活綴方のあるべき姿を追究したのである。

(2) 滑川道夫の主体的学習観
「調べる綴方」の実践

師範の専攻科を出た滑川が、尋常四年女子組の担任として行った実践が、「通行するものの研究」である。その学習は、「教師が一方的に課題して、即席に鉛筆をとらせる従来の方法」ではなく、「課題設定に子どもたちを参加させ」、「期間をおいて書こうとする内容を調べさせ、あらかじめノートに記録させ」、「調べたことを統計や図で示すほかに、観察したことを、気がついたこと、わかったこと、おもしろいと思ったことなどを書いておく」ようにし、「そのノートを土台にして綴方を書く」というように展開している。このような学習を設定したのは、当時の「老人趣味」のような郷土教育に反発して、「郷土の現実を調べさせ、史的な縦糸と横糸の現実との接点に立って考えることが大切だという思いがつよかった」からだと言う。

実践は、まず学校近くの県立図書館の前に子どもたちを連れ出して、事前指導として「歩く人の研究」を実施した。その上で、「調査票の作り方」を指導、「自分の家の前」で「帰宅後一時間ずつ二日間」調査を実施し、記録してくるようにし、それをもとに書かせた。

概略、以上のような実践だが、その作文の学習としての特質は、この文章が、調査に基づく研究報告書であるというところにあると言っていいだろう。そして、子どもにとっての作文学習としての価値は、この学習が、報告書の制作過程を体験したところにあるのではないだろうか。報告書としての価値よりも、報告書作成の経験に、作文学習としての価値があるというべきであろう。結果よりも過程に価値あり——それが、作文学習の経験としての意義である。

滑川の「調べる綴方」の作文学習としての価値は、課題設定から、調査・記録活動、報告書の作成といったレポート作成過程を経験したところにある。滑川にとって大事だったのは、結果ではなく、学習成立の過程だった。即ち、過程の活動こそが、学習内容だったのである。

過程重視の教育論

滑川は、『北方教育』の創刊号において、「文は生活の表現である。生活こそ文の母胎である。」と言い、「価値ある生活こそ、価値ある文を生産する唯一のものである」と言う。この場合の「生活」は、そのまま受け取ると、文章の内容、あるいは、作文の題材としての生活であろう。しかし、「調べる綴方」においては、題材ではなく、調べる活動を通して綴方を書くということ自体が、子どもたちにとっては、充実した今を生きるという意味で、「価値ある生活」になっているのではないだろうか。即ち、滑川の場合、その作文活動の価値は、「通行するもの」という題材内容ではなく、調べて、レポートにまとめるという過程的活動にあったのである。

滑川において、生活主義の教育を語ることの中に、主体的・生産的な言語活動を、主体が人間として生きる「生活」としてみるということはなかったかもしれない。しかし、「通行するものの研究」の場合、表現の価値は、実態調査の内容ではなく、調査し、それをレポートにまとめるという行為自体にあったというべきであろう。即ち、滑川の場合、滑川自身のことばでは語られてはいないが、その実践は、子どもたちが、情報生産的な言語活動を生きること自体を、価値ある生活とみるという教育観に支えられていたことを物語っているとみてよいのではないだろうか。

改めて確認しておこう。作文学習で大事なことは、課題を持って取材し、それを情報として整理し、文章にまとめるという、子どもにとって価値ある「書く」という過程的活動を充実させることである。そして、そこに、生活主義の国語教育の基本があるというべきであろう。

(3) 戦後・滑川道夫による「生活教育」の提唱——「生活としての学習」の教育思想

滑川道夫の生活教育論

『北方教育』の編集・発行に力を尽くした滑川道夫は、昭和七(一九三二)年成蹊学園訓導に転じ、戦後の昭和二三(一九四八)年九月、『生活教育の建設』(牧書店)を上梓した。その「はじめのことば」で、滑川は、宮沢賢治の『農民芸術論概論綱要』の一節「もっと明るく 生き生きと生活する道を見つけたい」を含む一節を引用して、「もっと明るく、生き生きと生活する道を、こどもたちに見つけさせていくのが、生活教育であると思う。」と言い、さらに、次のように言って、賢治の人生観・世界観を踏まえて、現実を批判的に乗り越えることの大事さを言う。

> 生活教育は、人間の立っている現実生活を尊重はするが、現実に流されてはならないものであることを教える。

そして、生活教育について、次のようにまとめている。

> 生活教育は、生活のための教育であり、生活による教育であり、生活そのものを引きあげる教育である

これは、昭和五（一九三〇）年の時点で、『北方教育』創刊号収載の滑川道夫「形象的綴方教育論」で展開した、次のような生活教育論をまとめたものだと言っていいだろう。

・文は生活の表現である。生活こそ文の母胎である。……
・……表現能力の伸展は生活の成長にある。……
・価値ある生活こそ、価値ある文を生産する唯一のものである……
・文は生活の表現である。故に日に日に新たなる生活が、創造があつてこそ、日に日に新たなる表現があるのである。

『生活教育の建設』は、本文中で、最初に「生活教育の目あて」として、改めて先に引用した「はじめのことば」（……ための、……による……そのもの）を取り上げ、それぞれについて、次に見るような、簡単な解説を加えている。

2　生活教育は生活のための教育である。
われわれの教育は発展の途上にある生徒児童の現実の生活に直接間接に役立たなければならない。

（略）

生活に役立つように生活の中で学ばせるように計画し仕向けるのである。

3　生活教育は生活による教育である
生活することによつて学ぶ教育である。教科書至上主義の頭脳学習から全身的な生活学習への移行である。頭でわからせることから考えさせてわからせる。考えてわかることからさらに、生活してわからせる。頭も胸も手も足も動かして創造的な学習をするのが生活学習のほんとうの姿でなければならない。

既成の観念を与えてそれによつて正しい生活行動をとらせようとすることと全く逆な方向である。まず望ましい正しい生活行動の機構を与え、そこから、正しい観念の形成をさせようとするのである。

（略）

4　生活教育は生活そのものの教育である

（略）

学習の手段としてあるいは教材・教科書を生活化する手段として生活そのものを動員するのではない。どこまでも生活そのものをたしかめようとする教育である。生活自体の拡充と深化をはかる。

（略）

「現実」に立つて「真実」を求めようとする努力において「生活そのもの」をおしすすめることができると信じている。

（略）

2の「生活のため」とは、「生活」は、目的だということである。
3の「生活による」とは、「生活」は、教育の方法・手段だということである。
4の「生活そのもの」とは、生活は教育の内容だということ。現実生活そのものを認識することで、「真実をめざさせる」のである。

以上をまとめると、生活のために、生活することで、生活を拡充・深化させるのが、生活教育だということになる。

この生活教育の規定で、目的と手段と内容とがはっきりし、生活教育は構造的に明確になったはずである。ここで見落としてはならないのは、学習活動のあり方（方法）についての見方である。即ち、

「生活することによって」とはどういうことかということ、ここが滑川の生活教育論の最も大事なところだと言っていいだろう。即ち、学習活動における、「生活による」とか「生活することによって」とはどういうことかという問題である。

3　滑川道夫における生活主義の考え方

滑川道夫は、本質的にヒューマニズムの人であった。勤務が成蹊小学校だということもあって、戦後の民主主義をいち早く取り入れ、経験主義の立場から、今までに記したような生活教育論を展開するとともに、学校のカリキュラムに生活教育を取り入れ、自らも積極的に生活教育論を展開した。

さて、先に取り上げた「生活による」のことであるが、そのことに関する大事な事項は、章を改めて「生活教育の実践的方向」として、具体的に取り上げられている。その中の一節、「7　学習過程における生活性の重視」の項には、「学校は考えながら生活していく場所である。」に続いて、次のような記述がなされている。

> 学校は行い為すことによつて学ぶ場所である。学習の場であるよりはむしろ生活の場である。生活を学習するところではなく、むしろ「生活の場」であるはずだ。だからその生活の場の中に思考があり知的活動があつてはじめてそれは「生活の力」となり得るのである。

これは、生活教育の方法としての学習活動のあり方に関わる、きわめて重要な指摘である。即ち、学校は、生活の場であり、生活することで、学ぶ場だということである。そこで、学びとしての生活、生活としての学びは、どういうものかが問題になる。

「8　学習者の立ち場から生活者の立ち場へ」で、「教育は（略）意識の表面をなでることでなく、行動をとおして生活の根源に向って行われるものである。」と述べた後、学びのあり方に関して、「9　問題の発見と提起へと解決の自主的学習」として、次のように述べている。これは、生活としての学びに関するきわめて重要な指摘である。

児童が自分のあるいは自分たちの問題として発見し、それを学習の問題として提起し解決への方法を考え、その解決を通してその子どもの生活的発展が実現していく。そうした問題解決のための自主的学習活動こそすばらしいものである。

a　子ども自らが問題を発見して
b　集団へ問題を提出して検討して
c　自らの目的をもつて
d　やり方を計画して
e　自力をもつて、あるいは自分たちの力と責任において実行し
f　努力の結果を自ら反省してみる

こうした学習経験を与えることは、生活力を現実的に増大させることになる。

以上の「9」を約言するなら、問題を発見し、解決する自主的・主体的学習活動を成立せしめるのが、生活としての学習であり、教育の方法の基本だというのである。滑川は、「こうした学習経験を与えることは、生活力を現実的に増大させることになる」と言う。平明な言い方をすると、学びの力をつけることは、生活力をつけることになるということではないだろうか。

滑川道夫は、戦時下において、波多野完治《はたのかんじ》と戦争が終わったらこんな雑誌（『生活教育』）を出したいと話し合っていたぐらいだから、教室で生活教育を実現させるのは、戦後への希望であったと思われ

る。生活綴方の先導的実践者であったが、昭和七（一九三二）年、上京して成蹊学園訓導となった滑川の場合、それは当然のことと思われるのだが、生活綴方的な発想というより、経験主義的発想で、生活教育を考えていたものと思われる。それがはっきりと表れているのが、「問題解決のための自主的学習活動」という文言ではないだろうか。生活の現実と戦う生活綴方と、生活的な問題解決を図る経験主義の違いと言っていいだろう。

そのような違いはあるかもしれないが、しかし、滑川道夫も、生活教育は、単に生活の問題の解決を図るのではないと考えていた。そして、子どもたちは、自ら生活の主体として、即ち問題の発見・解決の主体として、現実の問題と取り組もうとしている――そのような自立した生活主体として、子どもを育てようとしているのである。それは、決して生活技術の養成ではない。その実践プランの根底には、自立した生活者を育てるという生活主義の教育思想があったと見ていいのではないだろうか。

4　国分一太郎の学習観――生活綴方における認識の成立過程

生活教育

戦後、アメリカからの経験主義の影響を受けて、生活教育が、広範に行われるようになった。滑川道夫は、成蹊小学校の訓導として、戦後の民主主義教育の解放的な動きを受け入れ、その動きの先端に立って生活主義教育に力を入れた。それに対して、国分は、戦後の経験主義の影響の強い生活教育は、小砂丘忠義等による昭和五年刊『綴方生活』の「宣言」（「生活教育の叫ばるるや久しい」）以来、子どもの現実を踏まえて追究してきた「生活教育」とは、思想的な基盤を同じくするとは考えなかった。国分は、生活綴方の実践者の立場から、経験主義に立つ生活主義を厳しく批判し、昭和二七（一九五二）年刊の『新しい綴方教室』において、その「第十三話　綴方の生活教育」を次のように書き出している。

だれもかれも、口をひらけば、生活教育だといい、生活指導だという。生活からの、生活による、生活のための教育だという。子どもの生活の心理・興味・関心にふれながら、生活の指導をするのだという。けれども、ほんとうの生活教育は、おこなわれつつあるだろうか。

「ほんとうの生活教育」とは、どのような教育を指して言っているのか。国分は、「生活から」「生活による」「生活のための」の三つの視点から、生活綴方が求めてきた「生活教育」とはどのようなものかを述べている。以下、その要点を抜粋させていただく。

1　生活から

（略）

子どもの書いた綴方には、どんなものが出てくるか。教師たちは、横文字の本からなどではなく、生きた事実から、どんな日本社会の課題と、将来の生活者が、ぜひ持たなければならない物事の見方・考え方を、もっと直接的には、「何をこそ教えるべきか」を、なまなましいものとして、つかみとることができただろうか。（略）この生活からこそ、これからの教育の方向や、中身のあれこれがみつけだされるのではないだろうか。

綴方によれば（略）日本教育の目標で、たいせつにされなければならない学習題材は、生きた姿の中で、教師および子どもたちに示されるであろう。

（略）

2　生活による

（略）

生活の綴方は、ありのままの生活に出発しなくては、どんなにコトバや文字の技術がみがかれたとしても、なんにもならないものだった。小学一、二年のときから、「ほんとうのことを、ありのままにかく」にはじまるひとすじ道なのだ。それにかかれた具体的内容を吟味しながら、生活の見方・考え方・行い方を、指導していくやりかたなのだ。すなわち、現実に出発し、現実にたよる学習方法の、ほこるにたるべき大道なのだ。（略）具体的な言語形象をもって、事実を事実としてかかせ、自然な感情を自然なものとしてかかせる一路線なのだ。なんといっても、素朴で、リアリスティックな生活把握の基礎行程なのだ。（略）

3　生きた心理に即して

（略）

4　生活のために

（略）

綴方には、学校での全学習はもとより、家庭や社会の中で受けた教育あるいは感化の結果も反映してくるのだ。

（略）

綴方は、生活のための教育の成果を測定するカギともいうことができるであろう。そして「生活からじかにうまれたもの」を大切にし、「ペン先でかくだけではダメだ。よい生活からこそ、よい文はうまれるのだ」ということをスローガンとするとき、綴方はまた生活教育のための大きな役割をはたすであろう。

（略）

5　感動のある教育

（略）

6　綴方だけにたよらないこと

（略）

この中で、最も重要なのは、生活綴方の学習活動のあり方を示す「生活による」として語られているところであろう。そのことに関しては、『生活綴方ノート』（昭和三二（一九五七）年）の「生活綴方と子どもの認識」という章に、「生活綴方のしごと」の「その一つ」として、「物事をありのままに見つめなさい」など、現実の具象的把握を標語として指導してきたこと、「その二つ」として、学級集団のさまざまな子どもが書いた綴方を出し合わせて、「共通の問題や相異なる問題をとりあげ」「ものの見方・感じ取り方・考え方」を「教師をふくめたおたがいが、順次に深め高め合っていく作業」が挙げられている。これは、後の「生活綴方的教育方法」につながる、国分が最も重視したことだったと言ってもいいだろう。

5　ことばの教師としての国分一太郎

昭和五年、山形師範を卒業した国分一太郎は長瀞尋常小学校の教師となり、『北方教育』に参加するなどして、「『綴方採掘期』報告」（『教育・国語教育』一九三四）を始め『生活綴方とともに I』（一九八四）に収録されている実践的なレポートにみるように、きわめて熱心で研究的な現場教師として勤めていたが、昭和一三（一九三八）年、教職を追われて上京、それ以後は教職に就くことはなかった。しかし、あくまで教育現場の実践にこだわりつつ、教育の実践的な研究を深めていった。特に、昭和二六（一九五一）年の日教組の第一回教研集会（日光市）で、学力の低下が報告されると、それを受けて、国分は、基礎学力を重視した国語学力論を展開した。

しかし、当時の日本は、アメリカから導入された経験主義教育の影響下にあって、「学習指導要領」の下、国語教育の世界では、「綴方」が「作文」となって、さまざまな実用文を書かせるなど、実際生活上で必要な文章の書き方に重点が置かれるようになっており、加えて、生活綴方に対する政治的偏見が表に出るようになって、「生活綴方か、作文か」といったことが表沙汰になるようになっていた。金子書房刊の『生活綴方と作文教育』（一九五二）は、歴史的にみても大事な文献であるが、当時は「生活綴方か、作文か」を問題化したものとして、結果的に両者の対立を煽ることになったように思われる。

そのような状況の下、国分一太郎は、第二回教研集会（高知大会）の講師を務め、学力低下問題を論じるとともに、『生活綴方ノート』収載の「生活綴方のねらい」などで、生活綴方の教育活動としての重要性について論を展開した。国分一太郎は、学力論はもちろんであるが、作文能力の体系化といった科学的研究にも意欲的だった人であるが、生活綴方で育てる国語の学力ではなく、その言語の学習としての意味についてどうのように考えていたかを見ておこう。

『生活綴方ノート』収載の「生活綴方と国語科」の章で、「文章表現の初歩の過程」の指導として、例えば、「子どもの生活経験」を「五感を通じて観察したこと」、あるいは「個々の子どもたちが感じとったり、考えたりしたこと」を、「ありのままに」書かせたいと言う。また、「子どもたちのことばかり気にかけている母親のありのままの言動をよくつかんでかかせたい。そこからごく自然に愛情の深い母親だということを感じとったそのことをそのままかかせたいとおもうのだ。」と言う。

書くことで、母親と出会い、改めて母親の愛情に触れる――書くことで、そんな体験ができたらと、思わされる。（これは、読者である私の個人的心情であるが……）そんな体験ができたら、それは、またとない、人間に目覚める瞬間ではないのだろうか。そして、国分は、そんなことを思い描いて作文を書かせていたのかと、思わされる。そんな生活の言語教育こそ、教室に求める言語生活の姿ではないのだろうか……。

以上、個人的心情を交えての引用であったが、ここで紹介した実例は、「生きた国語教育」として語られているところのものであって、それを踏まえて、国分は、「現実的事物を、ありのままに具体的に生き生きと捉えるための観察指導」と「感じとり考えた事柄を、なるべくそのままにかく表現指導」を大切にするのは「生きたコトバへの指導」を心がけているからだという。そして、更に、「自己の経験や考え・感動というものを、すなおにかかせるような仕事を大切にしなければならないとおもう。」と言う。そのような活動自体、ことばを学ぶことであり、同時に人として生きることではないだろうか。このようなところに、国分の教育実践者としての思想を見ることができるように思うのである。

6　生活綴方的教育方法にみる教育観＝生活主義教育観

国分一太郎が、生活綴方の実践的研究を土台としながら、戦後教育の中で、最も重点を置いて語ったのは、「生活綴方的教育方法」であった。前記「生活綴方と国語科」の章の最後の部分に、「要約すれば」として、記されているところを引用しておこう。

人類社会で、すでに発見された自然の法則や歴史の法則、すでに形成されている概念、またはもろもろの文化遺産のようなものを与えてする教育の方法だけでなしに、それに一方から結合させるものとして、子どもたちが生きた自然や社会から学んだもの、自然や社会の中での直接的な感覚活動、生活経験から形成しつつある素朴な思想や感情・感性によるところの多い具体的な認識（下からの概念つくり）を大切にする教育の方法を重視しようという主張だ。

要するに、具体的認識をふまえて一般的な概念を形成していく方法ということである。
この方法の特徴は、自然や社会の現実の事物をつぶさに観察することによって、その事物の姿やうごき、事物の間の関係等を具体的にとらえさせ、その具体的な事実にもとづいて、一般的・普遍的な科学的な物の見方・考え方・感じ方を、次第につくりださせるというところにある。

要するに「具体的事実から、普遍的な物の見方・考え方を」見出していく帰納法と言われる論理的思考法で、国分は、これを、「現実直視、現実把握から出発して、その事実と、それにふれて生まれた思想や感情の具体的うらづけから、『新しい概念』をつくりあげていかせるしんぼう強い教育方法」とも言って、綴方を通して目の前の生活の現実からその奥の真実を見出していく、生活綴方による教育方法の一つとして重視しているのである。

国分は、生活綴方の実践に即した研究を通して、学習内容として、大事な問題追究の仕方を見出すことができたのだった。しかし、大事なことは、その帰納的と言われる思考法にあるのではなく、それを成立させる土台としての現実の認識にあることを忘れてはならないだろう。生活の現実をどう認識するかこそが、生活綴方による学びの基礎であり、生活教育の基礎として、真実追究の主体形成につながるのである。

改めて確認しておきたい。それは、生活綴方的教育方法というのは、具体的現実をふまえて、思考を導き出すといった綴方の制作過程を指すのであって、国分一太郎は、何よりも現実認識をベースとした認識の成立過程、即ち学びの成立過程を大事にしたのだった。つまり、帰納法を教えるというのではなく、学びの成立過程として言うならば、小川太郎氏が言われたこととして紹介されていることだが、あくまでも「リアリズムの方法」によるものごとの認識を成立基盤とした思想内容の形成過程、即ち学びの成立過程を体験的に学ばせようとしたのだった。

この国分一太郎の生活綴方的教育方法を支えるのは、認識の成立過程を学習成立の中核とする生活主義的な教育観だと言えよう。現実のもの・ことをとらえ、即ち事実を正確に認識し、それをふまえて思考し、考えをまとめることで、何が真実かを追究していく、その「学びの過程的構造」が、国分一太郎における生活綴方の基本構造であり、生活教育の基本理念であったと言えよう。それは、学習方法や学習方式といったレベルのことではなく、学びの過程的構造を体験的に学ばせることを柱とする、むしろはっきりとした学習に関する教育観であり、教育思想だと言うべきであろう。私は、それを、国分一太郎における「生活主義の教育観」として、その教育活動の特質を、教育史の上にしっかりと位置づけておきたい。

7　学び手の視点からの国語教育――生活主義の国語教育・その再生と創造

生きる力としてのことばの力

生きる力は、自ら生きることを通して身につく。一人の人間として、ものを見、ものを言い、ものを考えることを通して、ものを見る力、ものを言う力、ものを考える力、即ち人として生きる力を身につけていく。――とするなら、「国語」の学びの原点は、約言するなら、ことばを仲立ちとして人として生きることにある。人は、その生活的な活動を通して、人として生きる力、言うならば生活力としてのことばの力を身につけていくのである。

国語科は、本来、ことばによって生きる生活の場を通して、人間として生きる生活力としてのことばの力を身につけていく教科である。具体的に言うと、ことばの学びは、幼児の言語に始まり、論説・評論などの論理的言語、あるいは、詩歌・小説などの文学的言語など、多様に展開するが、その学びは、いずれの場合も、学び手が自ら生きる場、即ち生活の場の行為として、言語を仲立ちとして理解する、あるいは表現するところに成立する。学び手自身の主体的な理解、あるいは表現なくして、ことばの学びはないのである。

生きる行為の充実＝「書くこと」の場合

書き手は、文章を書くという行為を通して、一人の人間として生きる。「作文」の学習においても、文章を書くという行為を、書き手自身の生きた行為として充実させた時、その「作文」の学習は、学び手自身ものとして成立する。

次に挙げるのは、昭和八（一九三三）年創刊の、子ども向けの綴方雑誌『綴方倶楽部』の昭和九（一九三四）年三月臨時特集号に掲載された「調べる綴り方への出発とその後――「もんぺ」の子どもたちと――」と題する実践記録の一節である（筆者は、国分一太郎）。

自転車の鎖を切ったと言って泣く涙の美しさもよい。けれどもその鎖の構造と作用とを研究して、なぜきれたかを考えてみる生活のし方もほしい。級友の喧嘩を描写した綴り方もあってよい。しかし、この喧嘩の原因や教室環境を観察することによって、喧嘩のない生活組織と方法とを求める綴り方行動もあってほしい。こんな計画的な生活、積極的な生活が表現前の生活としてあってよいことは当然である。こうした自然や社会を観察調査し、表現する生活の中に、子どもらしい生活理法や生活方法を発見し、生活共感が行なわれ、それがまた子どもの集団生活の中に役立つことこそ、僕たち生活綴り方に努力する者にとって実に望ましいことであるに違いない。

これは、若き日の国分一太郎が、自分の実践をふり返って記した実践記録である。ここで、国分は、「自転車の鎖を切ったと言って泣く涙の美しさもよい」が、「鎖の構造と作用とを研究して、なぜ切れたかを考えてみる生活のし方」が欲しいと言い、また、「級友の喧嘩を描写した綴り方もあってよい」が、「喧嘩の原因や教室環境」の観察によって、「喧嘩のない生活組織と方法とを求める綴り方行動」も欲しいと言う。それは、作文を書くことで自転車の鎖の切れたわけを考察し、喧嘩のない生活組織と方法とを求めることになるからである。そこでは、作文を書くという行為自体が、喧嘩のない生活組織と方法とを求める行為として、書き手自身にとって価値あるものになるということである。国分にとって、何を、如何《いか》に書くかは、書くという行為自体を充実させることであり、更には書き手自身の生き方、即ち生活のあり方を追究することだったのである。

補説1　二つの学力観を超えて――自ら学び、自ら生きる力としての学力を

学力とは、学校教育の中で、学習を通して習得すべき能力だとした時、その学力をどう考えるかについては、二つの立場がある。一つは、時代を生きていく上でなくてはならない力、即ち社会が必要とする能力をもって学力とするものであり、一つは、子どもが人間として生きようとする力、即ち子どもの成長を支える能力をもって学力とするものである。前者の価値基準は、主体の外なる社会の側にあり、学校は、新しい時代に生きる子どもたちに次の時代が要求する能力を身につけさせようとすることになる。それに対して、後者の価値基準は、主体の側にあって、学習を通して人間として自己を実現していく能力を自ら学び取らせようとすることになる。

この二つの立場は、具体的には、設定すべき学習内容の上で大きな違いとなって現れる。即ち、前者の場合は、これからの時代を生きていく上でなくてはならない情報の収集・再生産の能力（情報リテラシー）を学力の柱とすることになるのに対して、後者の場合は、感性と知性、想像力と思考力、更には現実認識力をはたらかせて、人間として生きていくことを支える、主体の内側からの自己実現、あるいは自己形成の能力を柱とすることになる。

令和の時代の幕開けとともに第九次の教育課程が実施されることになった。そこでは、「知識・技能」「思考力・判断力・表現力等」「学びに向かう力・人間性等」の三つを柱として、「何ができるようになるのか」の視点から、学習内容が規定されている。そこでまず注目すべきは、「知識・技能」をはたらかせる機能的な能力として「思考力・判断力」が挙げられていて、そこに「表現力」が、同じレベルの能力として併記されていることである。これは、「思考・判断」の結果の「表現」ではなく、「表現すること」が「思考すること」であり、「判断すること」だ、即ち「思考」「判断」は「表現」をともなって初めて成立

するという考えによるものであって、これは、情報生産行為を柱とする言語活動のとらえ方に視点を置いたものだと思われる。このことは、国語科の学力として「想像力」をはずしたことと相俟って、文学鑑賞系のものや生活詩・生活作文系のものははずして、情報リテラシー系の活動を念頭に置いてとらえていることのあらわれだと言えよう。

これからの時代、人がＡＩを使いこなすという観点からも、情報リテラシーは言語学習の中核となるのは確かだと思われる。その視点から、第九次教育課程は、国語学力を、これからの時代に必要な能力に視点を置いて明確にしたものである。即ち、ここに見られる社会の必要に視点を置いた学力観は、これからの時代、特に大事にされるべきなのは言うまでもない。しかし、社会的必要度は高くはないかもしれないが、人間が人間として生きていくことを支える能力を育てるという、もう一つの観点を見失ってはならない。ソサエティ５・０が話題となる時代を生きていく上で、情報リテラシーはもちろん重要であるが、しかし、そのような時代だからこそ、人間が人間として生きていく能力という観点から、感受力や想像力、あるいは現実認識力を根幹とする主体形成力を育てることをおろそかにしてはならない。それが、子どもがその内側から自ら人間として生き、人間として成長していく能力を育てることになるのではないだろうか。

補説2　学び手の側に立つ

「学び手」とは、自ら学ぼうとする人――それは、本来、学校という制度を越えた存在だ。教師は、小・中学生のことを、よく「子ども」とよぶが、それは、無意識のうちに制度の枠組みをはずしたところで、彼らの「素の姿」（ありのままの姿）を見ているからではないだろうか。学び手の側に立つとは、そのような、「素」なる「子ども」の内なる「想い」に寄り添い、それを学びの起点にするということだ。

教師は児童・生徒の前に立つと、つい自分の知っていることを教えたくなる。それは、人として自然であって、決して悪いことではない。その思いがなければ教師は務まらないとさえ思う。しかし、それでも、敢えて教えることが先に設定されていて、教師は上から目線でそれを教えればいいというものではないと言わねばならない。あくまで、学びは、学び手自身の行為として成立するものだからだ。「馬を水辺に連れて行くことはできても、水を飲ませることはできない」というイギリスの諺を引くまでもなく、学び手自らが行為の主体となって、初めて学びは彼自身のものとして成立するのである。

では、学び手の側に立つとは、具体的にどういうことか。それは、児童・生徒が一人の学び手として、どんなところに興味を持っているのか、どこがおもしろくて、どこがわかりにくいのか、そして、彼は何を求め、何を実現させようとしているのか、その学び手の「想い」をとらえ、その実現を必然とする場（学びの場）を積極的に用意してやることだ。学び手の側に立つとは、かつて「児童から」を標語として進められた「児童中心主義」に留まるものであってはならない。村石昭三《むらいししょうぞう》氏の、子どもの成長を子ども自身の「己にとって有価なもの」を生成するところに見る「有価性論」（『子どもからの保育・教育へ』二〇一二）は、教育の基本的な原理と言うべきであろう。教師は、学び手の内側からその内なる「想い」を問い、彼らの価値生成の行為を内発させせなければならない。学び手にとっての価値生成の営みを、内発的な学びの行為として創出するのは教師なのである。

三　新・生活主義の読みの教育――文学的文章（物語文）の読み

読むことの学びの基本　〈楽しんで読む→問いを立て、追究する→主観を克服する〉

視点　読者は人間として生きる

文学の読みの学習は、文学を読むことの楽しさ、おもしろさを体験させるものでなければならない。読むことの楽しさ・おもしろさを体験させ、さらにはそれを深めたとき、そこに文学を読むことの学習が成立する。

学習であっても、文学テキストを前にして、子どもは一人の読者である。子どもにとって、その読むことの学習は、読みの楽しさ、おもしろさを体験させるものでなければならない。子どもが読むことの楽しさ・おもしろさを体験し、さらにはそれを深めたとき、そこに読むことの学習が成立する。

子どもがテキストのことばと関わって一人の読者として生きた時、その読みの行為は、子どもにとって楽しさ、おもしろさを体験する、充実した学習として成立する。

読みの学習は、読者である子どもが、学習材である文学テキストと関わり、一つの意味世界を創出して、読みの楽しさ、おもしろさを生み出し、深めるものでなければならない。

では、そのようなテキストとの関わりとしての読みは、どのようにして生まれるのだろうか。

まず、文学テキストのことばを手がかりに想像の世界をひろげ、登場人物を中心に物語の展開（ストーリー）に心を動かしていく。それが素直な受容の読みである。

そのような想像の世界をひろげる受容の読みを土台に、読者は、物語の展開上に何らかの問題をとらえて追究し、分析・解釈を加えて、新しい意味世界を創出する。更に、感想・批評を深めていく。それが、意味の読みであり、解釈・批評の読みである。

1 楽しんで読む（受容の読み）＝ことがらの読み

(1) 声に出して読む（声で読む）

声に出して読むことを中心に、ストーリーをとらえる。声に出して読むことは、読むことの基礎である。物語も、長編でなければ、くり返し声に出して読んでいれば、どんな物語かの大体がわかるはずである。どんな人物が登場し、どんな出来事があって、最後にどうなったか、即ち物語の展開（ストーリー）の大体が、頭に残るのが自然の音読である。

低学年の場合でも、教師が、「だれが、どんなことをしたお話か」を考えながら読もうと、ひと言だけことばをかけておいてやればいい。

テレビで、日本の昔ばなしをよみきかせる番組があるが、子どもはテレビの画面を見て聞いているだけで、十分に理解できているという。そのことを考えると、さし絵を手がかりにすれば、ストーリーの展開ぐらいは、音読でかなりつかめるはずである。

〔田近メモ〕

幼児がそうであるように、ことばは本来、声に出して言ってみることで、納得できるものである。一語文に始まり、二語文、三語文……と、単語の羅列が声に出てくるようになる。幼児は声に出すことで、それを受け止めようとする。幼児におけることばの理解は、声に出すことで納得しようとするところから始まる。語と語、さらには文と文との関係も、その関係に対する知識がなくとも、声に出して自然と文の構造にあった読み方ができるようになると、おのずと理解できるようになる。

まず、ことばを声に出して言ってみると、単語（文節）を一つのまとまりとして意識することができる。それは、一まとまりとして発音する単語（文節）が一つのことばのまとまりだからだ。次に、ことばとことばとのつながりを意識して声に出して言ってみる。そのことでことば（文節）とことばとが結びついてできた文を、一つのまとまりとして意識する。

文章を声に出して読むことで、語と語、文と文とのつながり方（前の文と後の文との関係）も、おのずと意識されるようになる。文法に関する知識がなくとも、声に出すことで、おのずと文脈も理解できるようになるのである。

なお、文章を声に出して読むということは、語彙を認知することができるということである。したがって、声に出して読むことができれば、ことばの指示内容がわかる、つまり、書いてあることが読めるのである。また、声に出して読んでいる、子どもの様子を観察していると、子どもはおのずと人物の気持ちを想像できているように思われる（情景を思い浮かべることの方がむずかしいようだ）。だから、子どもが声に出して読んでいる時に、教師は、ひと言、ことばを添えてやるといい。ひと言だけでもことばを添えてやると、子どもは想像力をはたらかせて、人物になったつもりで、その気持ちを受けとめることができるようになる。想像力をはたらかせて様子を思いうかべ、人の心のわかる子を育てる——即ち、想像力と感受性を育てる——これは、生活主義の学習の、もっとも大事なはたらきである。

「どこがおもしろかった？」

ある特別支援学級、二年生「はととあり」の授業で。

黒板にはった二枚の大きな教材文を指さしながら、まず先生が二度音読、続けて子どもが音読三回。

先生「おもしろかった？」

子ども（口々に）「うん、おもしろかった。」

先生「ほんとに、おもしろかったね。……どこが、おもしろかった？」

子ども（口々に）「ありさんがくいついたところ。」

「りょうしが、てっぽうをおとしたところ。」

「はとさんが、にげていったところ。」

「ありがとう、といっていると思います。」

「ありさんが、よかったよかったと、いっているとおもいます。」

黒板にはった教材文を見ながら、先生の音読のあと、児童が三回音読、それだけで物語の展開をはっきりとつかんだということがわかる授業だった。

(2) ストーリーの読み

物語文を声に出して読むと、無意識のうちに、力を入れて読むところが出てくる。そうなったら、だれとだれとが出てきたか（登場人物にはどんな人がいたか）、どんなことがあったか、また、物語のどこ（どんなところ）が好きか、などが言えるようになる。

（かつて、小学校三年生を対象に、音読だけで「登場人物のどんなところが心に残ったか。特に強く心に残ったのはどこか」を調査したことがある。だれとだれが出てきて、だれがどんなことをしたかといった物語の大筋はつかんでおり、その結果、声に出して読むことの効果を確認することができた。）

なお、声に出して読むことで大事なことは、物語文の場合は、「物語を語るように読む」ということである。また説明文は、「説明してあげるように読む」ということである。

語るように読むことができたら、次は、「特に心に残ったところ」を確認し合うようにする。つまり、読者として印象に残ったところ（印象点）に意識を焦点化することができたら、次の学習活動としては、そこを中心に「意味の読み」を始めることになる。

2　追究の読み＝分析（解釈）の読み

(1)　意味の読み〈その1〉＝印象点に焦点化して読む＝結節点の読み

文学的文章（物語文）の読みで、読了後、読み手の心に残るのは、どのような表現だろうか。また、それは、なぜ読者の心に残るのだろうか。それが心に残るのは、その表現が物語の展開の上で、何らかの大事な意味があるからである。物語展開の上で、そこに大事な意味があるから読者の心に残るのである。そこが特に読者の心に強く訴えかけてくるのは、そこに物語の展開上、重要な何らかの意味があるから心に残ると言っていいだろう。即ち、読者の心に残るその表現が物語の展開上、結節点とでも言うべき重要な語句（キーワード）だからだと思われる。

読者の心に残るその表現（結節点）は、その読者にとって特に重要な意味があるからだ。それはなぜだろう。その表現が、物語の全体の中で、特にその読者の心に強く残ったのはなぜだろう。物語全体の中で、その表現が心に残ったのはその表現にどのような意味があったからだろうか。それは、感想を引き出す上で大事な読みである。

(2)　意味の読み〈その2〉＝プロットをまとめて、その意味を読む

プロットの意味を読むというのは、物語の全体が、どのようなことを意味しているかを読むということである。

そのためには、物語の展開を起承転結でまとめたり、物語の全体を百字程度の一文ストーリー（ミニ

マルストーリー）にまとめたりして、その物語の展開が何を意味しているかを考えるのである（物語の全体がどのようなことを表しているかを短くまとめたりする）。全体の意味がまとまったら、それについての、読者としての感想・批評を書いて、発表し合うのである。

①「問い」を立てる――起点としての「問い」

「問い」は、追究の読みの起点である。内に「問い」を持ち、それを追究することで読みは深くなるし、またテキストを越えて拡がる。

文学テキストの読みにおいて、音読を活動として教室の友達と物語のおもしろさを楽しみ、さらに物語の展開をとらえたら、そこで、みんなで考えてみたいことにしぼって問いを立てるようにする。それは基本的に協働学習である。

「問い」には部分的なものと、物語の全体に関わるものとがあるが、たくさん生まれてくる部分的な「問い」も、それを追究していくと全体的な「問い」と重なり合う場合が多い。教師は、そのことを承知しておき、部分的な「問い」も、全体と関係づけてやる必要がある。たとえば、人物の言動に関する「問い」には、その人物はそこでなぜ、そんなことを言ったのかとか、そんなことをしたのかといった部分的な「問い」は、それを物語の展開の中に位置づけると、物語全体に関わる大事な「問い」となる。

なお、「問い」は個人的なものだが、協働的な学習を前提として、「友達と話し合ってみたいことは何か」という形で、中心的な課題にしぼり込んでいくようにするといいのではないだろうか。子どもの「問い」を学習課題にしていくのは、教師の仕事である。

青木幹勇《あおきみきゆう》先生「『なぜ』と問うな」

「教師は、すぐに『なぜ』と問いたがるが、それでは読みは深まらない。」

これは、青木先生の講演の中のことば。

「文学は、因果の鎖を読み解くことにおもしろみがあるのではありませんか？」

これは、後の会での田近の質問。

「全くその通り。しかし、『なぜ』と問うては、理屈で答えさせることになる。『なぜ』と問わずして、『なぜ』を読む。それが、読みの授業の大事なところだ。」

と、青木先生。

私にとっては、大事な先生の教えである。

② 感性的反応から知的な「問い」へ

「問い」は、読者としての素直な反応をベースに生まれる。素直な反応とは、主として読んでいて感じた情緒的な反応である。それは主人公の言動や他の人物との関係などに対する「かわいそうに……」とか「ひどいなあ……」「かなしいなあ……」「えらいね……」「どうして？」などの、心に感じた思いである。それを整理すると、次の三つに分けられるだろう。

①気づき＝発見（なるほど。そうだったのか。……）
②問い＝疑問（なぜ？　どういうこと？……）
③思い＝共感・同情・反発など

「問い」は、物語の展開に沿い、主として人物の言動に即して生まれる。特に、主人公（中心人物）

のことばや行動に関する素朴な心情的反応の中で、特に心に響く反応に視点を置き、それを問いの形にして意識化するのである。それが、物語テキストの読みにおける追究の読みの中心課題となる。読みの学習としての追究の読みは、主人公の言動の意味を問うことを中心課題として展開する。主人公を中心とした人間追究の活動が、文学の読みの学習の基本である。

なお、教室で追究する問いは、協働学習のテーマとするだけの意味のあるものでなければならない。「学級のみんなで話し合ってみたい『問い』」という視点から、みんなで出し合い、明確な形で設定する必要があろう。具体的に考えてみると、「問い」の多くは、物語の展開に即し、中心人物（主人公）のことばや行動に関して生まれるが、学級で共通の「問い」にしぼれたら、その「問い」に視点を置き、まずは話し合いによって読みを深めるようにする。その柱となる活動は、人物の言動の意味の追究である。その上で、最後に、その物語テキストは何を描いたものかについての話し合いを踏まえて、それぞれが自分の考えをまとめるようにするのである（それができたら、感想は自由に述べ合うとよいだろう）。

3 相互啓発の読み＝主観を超える

(1) 読みの交流

最初の読む段階（第一次通読の段階）で、自分の読みを、まずは振り返る意味で、第一次の感想（初発の感想）をまとめるのも意味のある活動である。それを、友達と相互に交流して、いろいろな感想があることに気づくのも、この段階では、特に意味のある活動である。

相互交流による自分以外の読みとの出会いは、視野をひろげるとともに、自分をふり返る上で、価値のある活動である。なお、初発の感想の学級での生かし方については、さまざまな研究があるが、その可能性の掘り起こしは今後の課題である。

(2) ふり返り (reflection)

自分の読みのふり返りは、追究の読みの、もっとも重要な活動である。その自分の読みのふり返りのきっかけは、友達の読みとの出会いである。物語の展開をたどって読み、自分たちにとっておもしろかったところをふり返る段階でのふり返りも、自分の感想のふり返りも、友達の読みとの交流活動を通して初めてはっきりと意識させられる。学級での読みの交流活動は、自分一人で読んでいたのでは気づかなかったことに気づかせ、思いもしなかったことに思いをめぐらせるきっかけとなる。

特に大事なのは、追究活動のきっかけとなる「問い」の立て方である。物語の展開をふまえ、その展開の秘密を解きあかす問いとしては、どのような問いがいいか、この物語で、もっとも必要かつ大事な問いとはどのようなものか——そのことを明らかにする上で、友達の問い(他者)との出会いは大事なきっかけとなる。そこで、はっきりと「自己対象化」としての自分の「問い」の問い返しができるからである。

(3) メタ認知

自分自身の読みを、対象化して認識し、はたしてそのような読みでいいのかをふり返る——そのようなメタ認知の読みを活動として設定することで、自分の感想や、読みのあり方(追究の仕方)を問い返すことができる。それが振り返りの読みのねらいである。そのような交流の場を設定することで、教師の問いに答える立場から、自分の問いの意味を自己確認し、自らそれに答える立場に立たせようとするわけである。教師の問いかけで読みを深める前に、相互交流でふり返り、メタ認知的に、問いそのものをも問い返していくのである。

4　自己の枠組みを超える

(1)　方法知を導入する

学び手の読者としての主体的な読みを大事にして、それをいっそう充実したものにすることで、感性を目覚めさせ、想像力をはたらかせた豊かな読みを体験させせようとするところに、生活主義に立つ読みの学習の基本がある。そこでは、読み取りの参考書によってハウツウの読み方を身につけようとする参考書学習は、決して受けつけないだろう。読者である小・中学生は、読解本位の学習は好きではないし、読解の能力はまだ未熟である。ひと言で言うと、文章読解に関する方法知が、貧困なのである。教師は、子どもの主体性を大事にするからと言って、何の手も打たないというわけにはいかない。読解に関する有効な知識・技術を必要に応じて与えるのは、教師の責任なのである。

では、どのような与え方をするか。学び手が自ら工夫し、発見するようにするのは基本であるが、発達段階に応じて、教師が、必要な知識を与えることに躊躇することはない。正解の読解を成立させるための知識とはどのようなものかについては、教師の基礎素養として研究し、習得しておかなければならない。

私事を申し上げて恐縮だが、私はかつて、小海永二《こかいえいじ》・工藤信彦《くどうのぶひこ》両氏と三人で、読解技術についての共同研究を進め、有精堂から『現代文研究法』（一九七〇）として刊行したことがある。さらに研究を進めなければならないと思っている

(2)　主観を超える

文学を読むことの学習は、読むことの楽しさを体験させるものでなければならない。その上で、特におもしろいところにこだわって問いを立て、おもしろさのわけを追究する。そのことで、楽しい読みを越えて、おもしろい世界の意味を明らかにする。つまり、おもしろさの根拠を明らかにするのである。

ここで、「私」の読みは完結するのだが、しかしそれは、主観の枠組みの中での完結である。この段階での読みは、どんなに論証しようとも、まだ読み手の主観の枠組みからぬけ出てはいないのである。

では、どうしたら主観の枠組みを超えることができるのだろうか。

主観を超えるためには、他者の読みをぶつけるしかない。他者の読みとは、自分以外の第三者がどう読んでいるかである。他者と出会うことで、自己相対化の視点を手に入れることができたら、改めて自分の読みを見直すのである。

その点で、教室は、まさに他者との出会いの場であり、協働の場である。即ち、その物語を教室の友達はどう読んだか、その物語にどういう意味づけをしているかを、相互に交流し合い、その意味づけの根拠を受けとめ、それを自分の解釈と比較して、自己の相対化をはかるのである。そのことで、読み手は、主観の枠組みを超え、メタ認知により、自分の解釈を改めて再創造していくことができる。他者との出会いによる自己の再創造は、教室における協働学習としての読むこと学習を貫く、もっとも重要なテーマとなるものである。

小学校も高学年になると、子どもは「だれの読みが正しいのか」「自分の読みは正しいのか」とか、あるいは、「読みには正解の読みはあるのか」といったことを気にするようになる。それに対しては、大事なのは、テキストの表現をふまえて、「自分は、なぜ、そのように読んだか」といった、自分の読みの根拠である、ということをわからせるようにしたい。そのためには、協働学習を通して、それぞれの読みの根拠を検討し合う活動が大事になってくる。

付言

読むことの学びは、読むという行為そのものを、一人の読者として充実して生きるところに成立する。一人の読者として文学テキストを受容し、そのおもしろさと出会い、そのおもしろさの秘密を、

「問い」を立てて追究する、言うならば、一人の読者としてのごく自然な読みを生きるのである。学びの読み、その基本は自然な読みであり、学びは、本来の自然な読みを成立させるところに成立する。読者としての自然の読みを引き出し、物語のおもしろさに触れること、さらに心に残った印象点にこだわり、「問い」を立てておもしろさの秘密を追究すること、そこに生まれる追究のおもしろさが、学びに生まれる文学テキストの読みのおもしろさである。

文学の読みの学びは、一人の読者としての自然な読みのおもしろさの体験と、そのおもしろさの秘密の追究との上に成り立つ。読者としての自然の読みの本来の力を引き出し、育てる鍵が、声に出して読むことにある。くり返し声に出して読んでいると、おのずと文脈が知覚されて、イメージ化され、読者の内にストーリーが形成されて文脈への共感が生まれる。それが、素朴で素直な物語の受容であり、その段階の文脈への共感が、物語の受容の楽しさである。

物語の受容の楽しさを土台に、読者は、そのおもしろさの秘密を知ろうとする。まず、心に残った印象点にこだわり、そのわけを知ろうとする。そこにおのずと「問い」が生まれる。特に教室における読みの楽しさは、それぞれの心に残ったことにこだわり、そこに「問い」を立てて、協議や追究することである。そこに協働で読む楽しさが生まれる。一人の主観を超え、他者の目で多角的に読むことで、楽しさは倍加する。

補説　教室を「豊かな言語生活」の実の場に

私たちは、あらゆる手段のことばを仲立ちとして、外なる世界（＝他者）と関わり、人としての自己の存在を確かにしていく。その営みが、言語生活である。戦後の日本の国語教育は、一貫して、その言語生活の豊かさを求めて、教育の可能性を追究してきた。しかし、今の時代、子どもの言語生活は決して豊かだとは言えないのが現状ではないだろうか。不読者が増え、友達との会話が空洞化し、スマホに向かうことが習慣化し、……といった現実を前にして、私たちは改めて言語生活の豊かさを取り戻さなければと思わされる。

言語生活の現実態（実践形態）は、話す・聞く・書く・読むの言語活動である。したがって、言語生活が豊かだということは、端的に言って、日常生活の中で、言語活動が生き生きと展開し、充実しているということである。それは、言語活動の幅や量の問題ではなく、その活動の内実、あるいはその質の問題である。大事なことは、その言語活動が、人が人として生きるリアリティのある活動として成立しているということであろう。

その観点から、教師である私たちが先ず心がけるべきは、学習の場である教室を、生きた言語活動の実の場とすることではないだろうか。それは、すべての教科の学習活動を、豊かな言語活動として成立させるということ、即ち、教室における学びを、ことばを仲立ちとしてものを考え、人（他者）と関わり、それを通して自己を充実させ、人（主体）として生きる、そんな生きた実の場の言語活動として成立させるということである。例えば、問題の解決のために、それぞれが情報を収集し、提供し合うとか、意見を出し合い、互いの思考を深め合うとか、それを通して、情報を生産・創出し、共有し合うとか……、教室を、そのような、言うならばコミュニティ的な生きた言語活動の実の場として充実させることであって、それは、教室を豊かな言語生活実践の場とすることである。「豊かな言語生活」というテーマは、美しく高邁なものに思えるが、その内実は、学習活動を主体的にして協働的な言語活動として成立させるという、身近で実践的な課題であるということを再確認しておきたい。

四　ことばの学びを成立させる授業――主体的な言語行為の視点からの国語科授業論

視点　学習者の視点から授業を問う

「授業」という文言は、教師の立場からの教育用語であって、それは、学校などにおいて、学問・技芸などの文化的内容を教え授けることとされている。

しかし、学びの主体は、あくまで児童・生徒である。そこに子ども自身の学びが成立していなければ授業ではない。したがって、授業のあり方は、学びの主体である児童・生徒の側からこそ問われなければならない。教師が、一定の指導内容を、児童・生徒にいかにして教え授けるかではなく、いかにして児童・生徒自身に、その学びの行為を成立させるかが、授業の課題なのである。

では、児童・生徒の学びはいかにして成立するのだろうか。以下、授業の基本的なあり方について検討しよう。

1　主体の行為としての学びの成立――学びは、学び手のアクチュアルな行為として成立する現実的な行為としての学び

すべての教科において、その学びは、学び手にとってアクチュアルな行為を通して成立する。例えば、算数において、加法（足し算）の計算能力は、足し算の問題を実際にやってみることで身につく。また、体育において、鉄棒の能力をつけるには、実際に鉄棒を使った運動をやってみなければならない。もちろん、やり方についての理屈や知識も無駄ではないが、それよりも児童・生徒自身の実践的な活動が、能力の習得を確かなものにする。さらに言うなら、その活動が、好奇心や問題意識に支えられ、児童・生徒自身のアクチュアルな行為となった時、それにともなって知識・技能の習得はさらに

いっそう確かなものとなる。あらゆる教科の学習において、どのような現実的な行為を、どのようにして設定するかが、児童・生徒の主体的な学びを成立させる授業の直接的な課題である。

ことばの学びのリアリティ

ことばの学びは、ことばの活動を通して成立する。児童・生徒のことばの活動をいかにして触発し、活性化するかが、授業の課題である。

例えば、書く力（作文力）をつけるには、書くことを実践しなければならない。書く行為なしに、書く力はつかない。文章作法の本やコンポジションの本を読んで、文章の書き方について勉強することに意味がないとは言わないが、しかし、実践力としての本当の書く力をつけようとするなら、大事なことは、「書く」を必然とする場に立ち、現実の課題に応えて実際に書くことである。

読みの学習においても、読む力の習得は、読みの行為の成立とともにある。読むという主体のはたらきなくして、読みの力は身につかない。読みの行為をスポイルして、読みの学びは成立しないのである。読みの力をつけるには、読みの意識を刺激し、読みのはたらきを触発しなければならない。それが、読みの授業の課題である。

では、どうしたら児童・生徒自身の主体的な読みの行為を読むことの学びとして設定することができるだろうか。以下、読みの学習の場合をとらえて検討していこう。

2　課題追究としての学び――教室の学びは、課題追究行為として成立する

学びにおける課題意識

児童・生徒はもちろん、幼児の場合も、子どもの学びは、子ども自身の課題追究行為として実践される。何かを知りたい、何かをできるようになりたいという課題意識が、子ども自身の学びのモチベー

ションとなる。すべての学びにおいて、それを支えているのは、何らかの課題追究の意識である。

児童・生徒は、その課題追究の行為を、何らかの学びにつながるものとは思っていないかもしれない。それでも、例えば、何かの植物のことを知りたいと思って読むことが、理科の勉強になるのは当然のことだが、それだけではなく、ことばの勉強にもなるのである。

児童・生徒は、一人の読み手として、文章（情報テキスト）と向かい合うが、その読みの行為を支えているのは、何かを知りたいという課題意識である。そして、その課題を解決しようとしてテキストを読み解くことが、読みの行為を活性化させ、読みの学びを充実させることになる。即ち、テキストを読み解き、情報を受容する現実的な実践の過程で、児童・生徒はテキストを読み解く能力や情報を取り出す能力を身につけるのである。

授業における学習活動を児童・生徒自身のものとして充実させるための方法として有効なのが、追究すべき何らかの課題を、その活動の核として設定することである。どのような課題を解決しようとするかの課題意識が学びへのモチベーションとなり、設定した課題がその時間（単元）の学習活動の契機となる。したがって、まずどのような課題を設定するかが、授業展開の鍵となる。

学習課題の設定

読みの学習において、児童・生徒の〈追究としての読みの行為〉を支えるのは、主として次の二つの課題意識である。即ち、この二つの意識のはたらきが、主体の読みの行為を触発する。

①未知への意識＝ある話題について知りたいという意識＝「知りたい話題」が課題となる。

②問題解決への意識＝ある問題を解決したいという意識＝「解決したい問題」が課題となる。

読み手は、主としてこの二つの意識、即ち、未知を知ろうとする意識と、問題を解決しようとする意識とのどちらかに支えられて、テキストを読みの対象とするのである。具体的に言うと、未知を知るためには、課題を中心に情報を収集し、関係づけて、再構成し、必要な情報、あるいは知識を自分のものにする。それは、情報テキストの論理に即して、情報を構造的に把握する情報受容型の読みである。また、問題を解決するためには、情報テキスト（資料）を探索し、情報を収集・活用して、課題を中心に情報を再構成・再生産しなければならない。それは、課題解決のために、複数資料を比較し、必要な情報を収集・活用して発信する情報生産型の読みである。前者の読みを確かにするには、「何について知りたいか＝明らかにしたい話題」を明確にする必要がある。また後者の読みのためには、「どんな問題を解決したいのか＝解決し、明らかにしたい課題」を明らかにする必要がある。そのような課題意識が、読みの行為を、主体的で、しかも確かなものにするのである。

内容知と方法知

課題は、教師が学習者に、上から下へと、与えるものではない。しばしば見かけることだが、授業の最初に教師が今日の課題は「○○」であると、黒板の上に示すことがある。それは、一時間の学びの課題を明確にしようとしてのことではあるが、学習者の学びの意識を無視した行為であって、決して望ましいことではない。教師は、児童・生徒が自ら問題を発見し、価値ある課題を設定できるように支援しなければならない。

先に述べたように、読みの行為において、読み手の意識は、未知の探索に向かうか、問題の解決に向かうかのどちらかである。どちらの課題意識に立つかによって、読みの活動の様相はかなり違ったものにはなるのだが、しかし、未知を知るために読むにしても、問題を解決するために読むにしても、読み手の意識は、文章の内容に向かっている。つまり、両方の場合とも、そこにはたらいているのは、読み取りの内容＝テキストの情報内容に関する意識である。ところが、文章は、言語によって構成されており、情報がどのような言語表現によって提供されているか（言語表現の仕組み）への意識も、またそれをどう読み解いたらよいか（読み解きの方法）への意識も、重要な読みの意識である。

植物の本の場合、それを読むことによって得る内容的な知見を「内容知」と言うなら、表現の仕方や読み解き方に関する方法的な知見は「方法知」である。その方法知は、内容知を追究する過程で習得される。読む活動における読み手の課題意識は内容知に向けられるが、同時に、それを追究する過程で、言語テキストをいかにして読み解くかの方法知に向けてもはたらかせなければならない。そこに、授業における教師の重要な役割がある。

3 コミュニケーション活動としての学び——教室の学びは、コミュニケーション活動である人間関係をつくる授業

教室は、教師と児童・生徒とが共同でつくり出していく人間的な空間（ヒューマン・スペース）である。授業は、その教室におけるコミュニケーション活動として成立する。

コミュニケーション活動は、情報を伝達・交流する活動だが、同時に人間関係を形成する活動でもある。授業における学び・学び合いは、そのようなコミュニケーション活動そのものである。誤解を恐れずに言うなら、コミュニケーションの成立を視野に入れない教師の指導は、学校教育における授業ではない。

授業は、もちろん児童・生徒の学力の形成を第一義とするものだが、それにとどまらず、人と関わる人間的な能力（人間関係形成力）を育成する営みでもある。授業において、学力向上と人間関係形成との二つは、二元論としてではなく、相互に関係し合うものとして見られなければならない。すなわち、授業における学びは、人と関わる活動として実践され、そのことを通して人と関わる力を育てるのである。したがって、授業の問題は、学習集団におけるコミュニケーションの成立の視点からも問われなければならない。

コミュニケーションとしての授業

授業は、「人間を育てる授業」という視点からも見られなければならない。授業は、教師が児童・生徒に、既定の学習内容を分かち与えるだけではない。授業が人間を育てるとは、第一に、自ら自己を形成する力を育てるということであり、第二には、異質なる他者と関わり、人間関係を形成する力を育てるということである。しかも、その第一と第二とは、先記したように相関的なものであって、自己学習能力の向上は、異質共生の人間的空間における他者との学び合い活動を通して実現するのである。

学力を育て、人間関係をつくるという視点に立つ時、そこに見えてくるのはコミュニケーション活動としての授業である。それは、異質なる他者との相互作用としての（インタラクティブな）コミュニケーション活動を、学力形成の営みとして授業の中に位置づけていくということである。では、相互作用的なコミュニケーション活動を成立させるにはどうしたらよいだろうか。

4　学び合いとしての対話の成立
「対の関係」としての対話

コミュニケーション活動の基本は、人と人との「対の関係」における対話である。どちらかが上で、どちらかが下という関係のやりとりでは、情報は、上から下へと、一方向にしか流れない。対の関係であってこそ、初めてそこに相互作用的な双方向のコミュニケーションが生まれる。だから、対の関係での対話が、コミュニケーションの基本なのである。

対話は二人で行うのだからやりやすいように思われるかもしれないが、それは見当違いである。即ち、相互の共通性と異質性とが最も際立つ関係として相手と向かい合うのが対話であって、情報交流の上でも人間関係の上でも、密度の高い「対の関係」の話し合いなのである。

対話力育成の方策

では、「対の関係」の話し合いを成り立たせるには、どうしたらいいのだろうか。最後に、対話力を育てるための具体策を挙げておこう。

①　課題（話題）の共有

＝話し合いの課題（話題）を明確にし、共有する。

まず、追究し、解決すべき課題（話題）を話し合いで明確にし、最後はどのようなまとめにもっていったらよいかを確認する。それが、ただのおしゃべりとの違いである（例えば、意見をまとめる、意見の違いをはっきりさせる、わかったことを箇条書きにする　など）。

②　リサーチ・考察と情報蓄積

＝事前に、情報を蓄積する。

課題に関して、調べたり考えたりして、情報（話す材料）を蓄積し、話し合う内容を豊かにする。学習活動としての対話は、必要に応じて、たいした準備もなしに行ってよいのだが、それでも話し合う内容が十分ないところで行ったのでは、意味のある対話にならない。特に、学習活動として行う対話のためには、資料の準備がほしいし、リサーチの結果や考察の結果をメモして手元に置いておくようなことがあるとよい。

③　情報共有と共同思考

＝情報を提供し合い、共同討議する。

対話には、大きく分けてみると、課題（話題）を中心に情報を提供し、共有し合って知見を広める情報提供型の話し合いと、意見を出し合い、共同討議で思考を深める共同思考型の話し合いとがある（質疑応答は、一応前者に入れておく）。それぞれ目標が違うので、話し合いの進め方も違ってくる。また、最後のまとめ方も違うので、そのことを踏まえて指導する必要がある。

④「受けて話す」の話型

＝話型を手がかりに、受けて話す反応を引き出す。

相手の話を受けて、質問や補足、賛成や反対など、「受けて話す」が対話の鍵であるが、それを行う上で有効なのが、「受けて話す」の話型である。

話型は、話しことばの活動に有効だと言っても、教師が一方的に与えて、児童・生徒の活動を型にはめるようなものであってはならない。それは基本的には児童・生徒自身が気づき、意識化するものである。そのためには、実際の場面で自然に出てきた話型を教師が取り上げて、児童・生徒に意識づけしてやるようにするとよい。なお、高学年になったら、児童・生徒自身に考えて作成させるのも、学習として意味があると思われる。

⑤対話モデル・対話台本

＝シチュエーションを想定し、対話モデルを考案する。

例えば、物語の中の二人の登場人物となって、対話劇を仮構して台本をつくるなど、さまざまな対話が考えられる。

おわりに　学びを演出する授業力

教師の授業力は、既定の指導内容を巧みに教え授ける力ではなく、児童・生徒の学びを成立させるために、その活動を演出する力である。どうしたら児童・生徒の学びを成立させることができるか。本稿は、その視点から授業のあり方について検討したものである。

補説　改めて問う「人間を育てる教育」

人は人との関わりの中で、自己を形成し、成長し続ける。その人間としての力を育てる教育が、「人間を育てる教育」である。国語教育は、まさに人を育てる教育でなければならない。

こんなことは、今さら言うまでもないことだが、今日、能力主義の風潮の中で、そのような人間形成の視点が、いささか翳んできているのではないだろうか。

過日の日本国語教育学会の研究部集会で、「話す・聞く力を育てる幼児教育」というテーマに関して、村石昭三氏が「話す・聞く力を育てる」ではなく「話す・聞く喜びを育む」ではないかという批判的な発言をされた。話す力、聞く力をつけようとする前に、話す喜び、聞く喜びを感じさせることが大事だというのである。即ち、ことばの力を育てることは大事なことだが、しかし、そのことはことばを使う喜びを基礎とするものでなければならないということである。ほんとうのことばの力は、ことばで自己を表現し、ことばで人とつながる喜びと共にある。「人間を育てる国語教育」は、能力主義に陥る前に、ことばに生きる喜びにつながる力をこそ育てるものでなければならない。

「国語教育と人間形成」は、戦後教育の重要なテーマであった。しかし、国語教育としての人間形成とは具体的にどのようなことかが明確にされないまま、一九六〇年代以降は、ほとんど問題にされなくなった。しかし、その学習が、どのような意味で子どもの人間形成につながるのかは明確にしておかなければならないだろう。

説明文教材を例にして言うと、その教材の読みが、子どもにとってどのような未知との出会いの体験になるのか、またどのような論理との出会いの体験になるのかを明確にすることが、読みの学習が子どもの人間形成につながる道筋を見出していくことになるであろう。つまり、どのような言葉の体験をさせることが、どのような感性を耕し、どのような思考の道筋をひらくかを明確にすることである。

なお、そこでの課題は、「人間形成」を、どのような見える活動として具体化するか（＝可視化するか）である。「可視化」（＝見える化）は、経済界で使われるタームだが、教育の世界でも重要な実践上の課題である。即ち、「人間形成」のように、ややもするとブラックボックスの中の出来事にされてしまいがちな学びの行為は、具体的な活動として可視化（＝見える化）することで、初めて成立もするし、また検証の対象ともなるのである。

五　生活主義の国語教育　その再生と創造――教室を、生きた生活の場にするために

■「生活主義」ということばは、大正の終わりから昭和の初めにかなり一般的に使われていたことばであります。しかし国家による生活主義教育運動への弾圧のために、教師たちが次々に検挙されるとともに、教育界から消えていったのでしたが、戦後、波多野完治先生、滑川道夫先生によって復活しました。私が「再生と創造」という文言を添えたのは、昭和の初期、小学校の先生たちが実践を積み重ねて生み出していった「生活教育」を継承し、令和の時代を迎えて、改めてその教育思想の再生を図りたいと考えるからです。しかし、これまで、「生活主義」とはこういうものであるという定義はされていません。一般的には「生活教育」ということばで語られながら、その中にどのような教育理念が入っているかは論じられていないのですが、ここで改めてそのことばに込められた教育の理念を掘り起こし、私たちが今の時代に吸収すべきことは何かを考えていきたいと思います。

■現在盛んにＡＩ教育ということが言われております。これは国のほうでもかなり本格的に取り組んでいると言えると思います。ソサエティ5・0が検討されているということがしばしば報道されており、ソサエティ5・0の時代が来ることは間違いないと思います。教育の科学化は決して悪いことではないと思いますし、むしろ民間の教育研究においては、かなり先進的な研究が進んでいます。

かつて昭和の時代には、例えばブルームの目標分類学をベースとした目標分析が盛んになされ、京都教育研究所や東京では杉並の教育研究所が先進的な研究を進めていました。平成の科学化の動きでは、例えばルーブリックを使ったパフォーマンス評価を組み込んだ実践、またポートフォリオの研究は、平成における教育の科学化と言っていいだろうと思います。新しい令和の時代には、おそらくＡＩ技術を

取り入れた授業革新ということになると思います。既にやられていることですが、今後、更にＡＩの技術を導入した教育の改良が進展していくものと思われます。

　現在でも、ソサエティ４・０の中で、例えばたくさんの情報資料を与えておいて、それを比較し、関係づけ、新しい情報をどう生産していくかといった学習はかなり始まっていて、ＡＩに順応するというよりも、むしろＡＩを先取りしたような授業が進められています。複数の資料をどのように関係づけ、どのような情報を生産していくのかというようなことが、国語科の中の中心領域として位置づけられる時は、もうきています。つまり、ＡＩ技術を取り入れるだけでなくて、ＡＩ的な情報操作活動といったようなものが、中心的な教育内容として位置づけられる時代がすでに来ているのです。

　しかし果たしてそれでいいのかということをまた一方で考えるわけです。今日、熊本から梅《うめ》木《き》節《せつ》男《お》先生がおいでになっておられますが、梅木先生から送られてきたものの中に、熊本の日々新聞の記事があり「私の教師生活の中心は作文教育にあった」とありました。ものをどうとらえて表現するか、作文教育というのは国語の授業だけにとどまりません。書くという行為で人はものを深く考えます。おそらく梅木先生が実践されたのは、子どもが自分の生活を自分のことばで文章に書くという作文教育だったと思います。しかし今はそのような作文教育はほとんど学校教育から消えているのではありませんか。生活綴方というと、もうそれだけで敬遠するということはありませんか。けれども私は、子どもが主体的に自分の生活を書くということは、国語の教育の原点にあったと思います。綴方は形式的な文章作法ではなく、子どもが自分の生活の事実を書くことでありました。子どもの主体的な学習の原点には、生活を見つめて書くということがあったと思います。けれども今、そういうものが国語教科書からも消えているのではないでしょうか。

　ここにおられる年配の先生方は、おそらく日記指導をしっかりおやりになったと思います。東京都葛飾区の小学校の校長先生が「私は毎日子どもに日記を書かせました。日記指導が自分にとっては子どもと一緒に学んでいく上で非常に大事な仕事だった」と言っておられました。私はここにいらっしゃる若い先生方に日記指導をおやりなさいと言うわけではありません。しかしその校長先生は、日記指導で子どものことがわかり、日記を書かせることで教師もいっしょに学んでいったのです。

■作文というのが、今では学校教育からなくなりつつあるようです。倉澤栄吉先生が文集作成のための作文選考委員会の席上に来られて「もう子どもに作文を書かせるってことはなくなるんだってさ」と嘆かれたことがありました。教育の科学化は大事だと思いますけれども、しかし同時に教育の場から人間の影が薄くなっていく現実を前に、果たしてそれでいいのだろうかと思わざるを得ません。

■それでふり返ってみたいのは、生活教育としての作文でありました。資料として挙げた「生活學校」(一九三三年)「綴方生活」(一九二九年)は、生活主義の雑誌として、小学校の先生方が中心となって出された雑誌です。「綴方生活」の中心にいたのは野村芳兵衛・小砂丘忠義ですが、野村は「綴方生活」の創刊号でこう述べています。

「綴方生活は教育における生活の重要性を主張する。生活重視は実に我らのスローガンである。」

この生活とは一体何なのか。書く題材か。生活を題材にして書くのか。あるいは教育における生活の重要性を主張するのか。その生活は作文の題材なのか。それとも学習の成果が生活に生きるということなのかといった問題が出てまいりますけれども、その問題意識が「綴方生活」の創刊号の文章に表れています。

「子供達に、子供達の生活を観察させ、できるだけ自然な気持で、自分の生活態度を鑑賞させるやうにすることは、独り綴方の生活指導のみでなく、生活指導の全体に対して、最も根本的な指導条件であることは、言うまでもないと思ふ。」つまり、作文の題材としての「生活」ではないのです。

戦後のことでありますが、滑川道夫先生が出された『生活教育の建設』（一九四八年）には、こうあります。

①生活教育は生活のための教育である。

②生活教育は生活による教育である。

③生活教育は生活そのものの教育である。

私がこの中で特に大事にしたいのは「生活による教育」です。生活することによって学ぶ。ここに生活教育の本質があります。生活することによって学ぶとは、子どもにとって、それは、教室の場で子どもとして生きること、即ち教室で生活をすることです。

そこで、では、どのようにしたら教室での学びを「生活」とすることができるか、ということが問題になります。そのことについて、滑川先生は『生活教育の建設』の中で、「学習過程における生活性の重視」として、次のように書かれています。

「技術の習熟過程、習慣の形成過程をふくむ行動過程、思考過程は記憶過程とともに生活の中で貴重に扱われる。（略）学校は考えながら生活していく場所である。『行う活動』も同様である。学校は行い為すことによつて学ぶ場所である。学習の場であるよりはむしろ生活の場である。生活を学習するところではなく、むしろ『生活の場』であるはずだ。」

これはとても大事なことです。生活の場に思考があり、知的活動があって、初めてそれらは、生活の力となり得るのです。更に先生は、次のように言います。

「児童が自分のあるいは自分たちの問題として発見し、それを学習の問題として提起し解決への方法を考え、その解決を通してその子どもの生活的発展が実現していく。そうした問題解決のための自主的学習活動こそすばらしいものである。」

つまり、生活の場であることで、そこは学習の場になるというのです。「学習者の立場から生活者の立場へ」という小見出しの文章もあります。つまり、滑川先生は、立ち位置を学習者の立場ではなく、生活者の立場に変えるというように言っておられるのです。

■以上述べてきたことを踏まえて、最後にまとめておきたいと思います。生活主義の国語教育を再生するというのは、教室を生きた生活の場にするということです。「生活」とは、人が人として生きること。教室は、子ども一人一人が学びを通して一人の人間として生きる場。教室は、学び手にとって生活の実の場であります。

学び手が学びの行為の主体となる。そのためには学び手が追究の「問い」を持つこと。それは、学び手が追究の主体となること。問いを追究する過程を学びの過程とする、ということです。なお、この「問い」は、「なぜ」「どのようにして」「何か（どのような意味か）」の三つです。

■問いをうみ出すことは大事なことですが、問いの次元を上げることも大切で、このことは広島の大槻和夫さんに言われて気づかされたことでした。文化的内容をどういうふうに指導の中におり込んでいくかが問題です。「問い」を立て、追究する、その追究のレベルを上げるには、文化的内容（言語学・国語学・文学研究などの学問研究の成果）を追究の視点として示すところに教師の責任があります。

■教室を生活の場にすることによって、そこは学習の場になる。教室を生活の場にするためには、子どもをいろいろな意味での「問い」の追究者にしなくてはならない。問題解答人間である前に、問題発見人間、問題追究人間にしなければならない。そのための「問い」をどのように広げふくらませていくかということが、おそらくこれからの生活主義の教育を確かなものにすることができるか、否かの鍵を握っているのだと思います。

■最後の資料にのせた『国語の教育』（一九六八年創刊号）は、文部省の視学官を降りたばかりの倉澤栄吉先生、民間教育運動の中心人物であった国分一太郎先生、滑川道夫先生とで始めた雑誌でした。この写真を載せたのは、それぞれの立場の違いを超えて、「ことばの学び」について追究したという、そういう精神を私たちは受け継いでいきたいと思うからであります。

第二章

授業論・学習活動論の展開

一 「問い」を立て、「追究する過程」としての文学の読みの学習

視点 意味世界生成の契機となる「問い」

〈読む〉とは、読者にとって、一つの意味世界を生成し、新しい価値を創造していく行為である。その意味世界生成の読みのきっかけとなるのが「問い」である。読者自身、わが内なる「問い」を意識化するとともに、教室の人間関係の中で、その問いを、自ら問い直していかなければならない。即ち、その〈読み〉が、読者の主観を超えるには、他者の〈読み〉との出会いをくぐり抜けなければならない。

それができるのが、教室という人間関係の中に成立する授業である。授業における読むことの学習の価値は、意味生成を活性化するとともに、主観的な〈読み〉を克服するところにある。

1 〈読み〉を生み出す「問い」

すべての学習は、課題の追究行為として成立するが、その起点となるのが「問い」である。「問い」は追究としての学びの契機となる。なかんずく、ことばと関わって、その意味を問う意味生成の〈読み〉において、「問い」は、そのばねとなる。

「問い」を意識したとき、読者は、その文章（＝テキスト）が何を意味しているか（その文脈にどのような意味があるか）を自覚的に明らかにしようとする。即ち、「問い」を視点として、読者は文章の展開を意識の対象として、それに意味を与えるのである。

読者は、読むことで、読者自身の内に一つの文脈を生成し、自分だけの意味世界を創出していくのだが、その契機となるのが「問い」である。「問い」は、すべての追究行為の原点であり、起点ともなる。

2　読者の思い（心のはたらき）と「問い」

国語科の授業では、本時の学習課題を、最初に教師が黒板上に示してから始める場合が多い。児童・生徒の学習へのモチベーションを高めるために、最初に課題を明確にするわけで、それは、課題の追究・解決を柱とする授業の基本的なあり方であるように考えられているようである。

しかし、課題は、教師によって与えられるものではない。学習における課題は、学習者が自ら問題として発見し、それをもとに自ら解決すべき問題（＝問い）として（あるいは実践すべき活動として）自らに課したものである。

「問い」として設定する学習課題は、学び手の内側から引き出されるものでなければならない。〈読み〉の学習において、「問い」の根底にあり、追究の原動力となるのは、読者の「思い」（興味・関心）であり、問題意識である。教師は、学習者の「思い」や意識が何に向かっているかをとらえ、それを掘り起こしてやらなければならない。できたら、学習者自身に、読者として作品のどこに心引かれているか、何に問題意識を持っているかを自覚させ、その上で「なぜ、そのことが心に残るのか」「そこに問題を感じるのはなぜか」などを考えさせるようにしたい。

教師は、読者としての想いや意識を、物語の意味を問う「問い」の形にしてやるようにしたい。学習者の「思い」や意識を「問い」の形にして学習者に返してやる――それは授業設計者としての教師の責任なのである。

3　「問い」の意識化――〈読み〉を掘り起こす「問い」＝何を問うか

文章（＝テキスト）のことばをとらえて、そこにどのような「問い」を立てるかが〈読み〉の行為の内実を決定する。

そこで、椋鳩十の「大造じいさんとがん」を例にして、どのような「問い」が想定されるかを検討してみよう。
一つの作品を教材とする場合、〈読み〉の方法としては、作品全体を対象とする場合（まるごと読み）と、場面ごとに人物の言動などの細部を対象とする場合（場面読み）とがあるが、ここでは、後者を例として検討することにする。
検討する場面は、おとりのがんに襲いかかったはやぶさに残雪が立ち向かっていくのを見た大造じいさんが、残雪を撃つのをやめて、肩から銃を下ろす場面である。

大造じいさんは、ぐっとじゅうをかたに当てて、残雪をねらった。が、なんと思ったか、再びじゅうを下ろしてしまった。

ここでは、「……再びじゅうを下ろしてしまった。」という大造じいさんの言動の描写に焦点化して、その言動の意味を問うことになる。なぜか。それは、次のような意味で重要な表現だからである。
ア　視点人物である大造じいさんの言動を表す描写文である。
イ　じいさんの心情、特にその変化を表す表現である。
ウ　物語の展開が大きく変わる大事な表現（屈折点）である。
では、ここに焦点化するには、どうしたらいいだろうか。そのためには、上記のア、イ、ウの視点から、どこが重要な表現（キーワード）かを見ていけばいいのだが、その前に、自分の読みをふり返って、「特に心に残った表現」はどこかを問うてみるといい。文学の〈読み〉の場合、物語の展開がおさえられていれば、その展開上の大事なことばは、特に読者の心に残るものだからだ。だから、直観的・主観的ながら、「特に心に残ることば」は、読みを深めていく上での手がかりとして大事にしたい。

4 「問い」を立てる

前記の箇所「が、なんと思ったか、再びじゅうを下ろしてしまった。」に焦点化するとして、では、どのような「問い」が考えられるだろうか。ここでは、突然銃を下ろしてしまった大造じいさんの行動の意味を読まなければならない。じいさんは、これまで執念を燃やして残雪をねらってきた。それなのに銃を下ろすというのは、その瞬間、猟師の座から下りたということではないだろうか。それはなぜだろうか。じいさんは何に心を動かされたのだろうか。また、それは何を意味しているのだろうか……などと、さまざまなことを思わせる場面である。

まず、読者としての子どもの、じいさんの行動に対する素直な思いや疑問を掘り起こし、ふくらませ、語らせてやりたい。その上で、銃を下ろした大造じいさんの行動についてみんなで考えてみよう、とよびかけて「問い」を考えさせる。前述したように、場面読みの中心は人物の言動の読みで、次のような「問い」が考えられる。

(1) 一人称視点の「問い」

「なんと思ったか」というが、大造じいさんは、どんな気持ちだったのだろうか。

(→どんなことを思っていたのだろうか)。

人物の内側からの心情の読み。

(2) 二人称視点の「問い」

大造じいさんに何か言ってあげるとしたら、どのようなことを言ってあげるか。

人物の言動に対する外からの語りかけ。

(3) 三人称視点の「問い」

ア　大造じいさんが「再びじゅうを下ろしてしまった」のはなぜか。

人物の言動のわけ（「なぜ」）を考える解釈の読み。

イ　大造じいさんが「再びじゅうを下ろしてしまった」ことには、どのような意味があるか。

人物の言動の意味を考える解釈の読み。

ウ　大造じいさんが「再びじゅうを下ろしてしまった」ことについて、どう思うか。

人物の言動に対する感想（第三者としての批評の読み）。

ここで読まなければならないのは、肩から銃を下ろすという大造じいさんの行動の意味である。とするなら、立てるべき「問い」は、「⑴一人称視点」からの心情の「問い」や「⑵二人称視点」からの語りかけの「問い」ではなく、「⑶三人称視点」からのア「なぜ」の「問い」、イ「意味」の「問い」であろう。

しかし、分析的な視点からの「なぜ」の「問い」は、それに直接的に答えようとすると、作品によっては、物語の展開からずれたところで理屈に走りがちになる。そこで、直接的に「なぜ」を問わずに「なぜ」を読むにはどのような「問い」を立てたらよいだろうか。

ウの「感想・批評」の読みで、まず「どう思う」という外からの感想を手がかりに、「なぜ、そう思うのか」（「大造じいさんのしたことについて、あなたがそのように思うのはなぜか」）と問うて、大造じいさんの言動の核心に迫るのがいいのではないだろうか。

さらに、高学年ならば、心に残るテキストのことばに焦点化して、例えば、次のような、そこからわかることを掘り起こすための「問い」を立てるのが、有効なように思われる。

大造じいさんが「再びじゅうを下ろしてしまった。」というところから、どのようなことがわかるか。

――行動描写の意味の読み。

5　「問い」には、書くことで応える（答える）

ここまで述べてきたことの要点は、次の三つである。

ア　「問い」は、作品の展開上の重要な箇所（具体的な表現）に焦点化して立てること。

イ　「問い」は、それに答えることで、作品の〈読み〉を触発することができると思われるようなものであること。

ウ　感想を問うことから、その根拠をさぐることで、分析的な読みに導くということもあるということ。

以上のような〈問い〉は、〈読み〉を成立させる手がかりとなるものであって、学習活動としては、自分の考え（解釈や批評）をまとまった文章に書くという形でまとめる必要がある。即ち、解釈にしても批評にしても、書くことで初めてはっきりと自己認識できるものだからだ。つまり、「書くことで読む」というわけである。

なお、「問い」に対する答えは、教室の中で相互に交流し合い、友達がどのようなことを考えているかを理解し合う相互理解活動を、ぜひ設定するようにしたい。友達の存在を他者としてとらえ、相互にその異質性・同質性を理解し合うことは、教室という学習の場だからこそできることであり、またやらねばならないことである。

補説　授業構築の方向――アクティブ・ラーニング

平成二六（二〇一四）年一一月二〇日、文部科学大臣の中央教育審議会の諮問は、「課題の発見と解決に向けて主体的・協働的に学ぶ学習」を「アクティブ・ラーニング」として、その充実の必要を強く求めた。「アクティブ・ラーニング」と、その名は新しいが、しかし、課題の発見・解決をめざした主体的・協働的な学習は、読むことの領域でいうなら、本稿で示した「問い」の追究を求めて展開する、独り学びから学び合いへの学習活動にほかならない。具体的には、「問い」を中心に解釈や批評を文章に書き、学級の人間関係の中で、それを交流し、さらに深めていく学習、即ち「書く」と「話し合う」による解釈・批評を深めていく主体的・協働的な学習である。それは、学習活動の本質的なあり方として、アクティブ・ラーニングに通じるものだと言っていいだろう。

二 「生きた言語活動」を中核とする国語学習――「読むこと」の学習を中心に

1 「言語活動主義」への反省

戦後の国語教育は、言語活動主義・言語生活主義を指導理念として出発した。しかし、それは、「活動ありて学習なし」として批判され、昭和三〇年代には、早々と系統主義・能力主義にとってかわられた。その後、昭和四〇年代は、情報化社会の進展とともに多様化の時代といわれて、さまざまな活動が開発されたが、昭和五〇年代に入ると、「言語活動主義から言語能力主義へ」が標榜されて、「言語の教育」が強調された。

そのような歴史を背負いながら、知識基盤社会といわれる今日、三たび、「言語活動」の重要性が強調され、その充実が教育課題となってきた。それは、言語学習はもちろんのこと、すべての領域の学習が、言語活動なしには成り立たないということがわかってきたからだ。では、なぜ、これまで繰り返して言語活動の重視が批判されなければならなかったのだろうか。それは、これまでの言語活動のあり方そのものに問題があったからではないだろうか。

特に、平成に入ってからの総合主義の時代には、情報活用活動などを通して、さまざまな言語活動を取り入れて学習を活性化しようとしてきた。しかし、それが国語学力に結びついていなかったとしたら、それはその言語活動自体に問題があったということ、つまり、経験主義批判で言われたことばで言うと、「活動ありて学習なし」に陥っていたということではないだろうか。教師の指示で何かしらの言語活動はしていても、その言語活動自体が空洞化していたということではないだろうか。

確かに、児童・生徒がいやがらずに取り組む活動、それ自体楽しくて親しみの持てる活動を取り入れようとしてきた。さらには、抵抗感がなくて、学習を活発にするような多様な活動の工夫もしてきた。

しかし、その活動が、児童・生徒にとって、自己の世界を切りひらき、創り出していく「生きた言語活動」になっていただろうか。

端的に言って、活動が楽しければいい、あるいは活発な活動であればいい、というものではないのだ。それを通して、言語能力の向上に資するようなもの、言語活動のあり方としていうなら、主体的な活動として文字通り充実したもの、あるいは、学習者にとって生きた言語活動であるということが大事なのだ。私たちは、改めて、言語活動の本来的なあり方を問うて、これからの国語学習への展望をひらいていかなければならない。

2 生きた言語活動

人は、言語活動を通して、人と交わり、人との関わりを形成する。同時に、人は、言語活動を通して、ものをとらえ、ものを考え、思いを生成する。言語を仲立ちとして、人は、他者と関わり、自己を創出していくのである。そこに、人の生きる営みとしての言語活動の本質がある。

国語科の場合、国語学習は、言語活動を通して成立する。とは言っても、日常生活に直結するあれやこれやの活動をやらせれば、それで言語能力が身につくというものではない。

場の状況などに関係なく、思いつきをことばにするだけのおしゃべり上手になっても、それだけでは、自分の考えをまとめて話すことができるようにはならない。必要に応じた論理的な言語力を身につけるには、ものをしっかりととらえ、それについて筋道だって考えるような、その人（主体）にとって価値のある、生きた言語活動を学習として経験することが必要なのではないだろうか。

「生きた言語活動」とは、生活に役立つあれやこれやの活動ではない。その人（主体）にとって、人との関わりや思想の形成を通して、自己の世界を創り出し、自己を充実させていく活動である。つまり、言語活動の本質は、自己の世界の創造にある。言語主体にとって、新しい世界を切りひらく自己創造としての言語活動をこそ、言語学習の基軸に据えなければならないのではないだろうか。

例えば、「書く」という活動は、書き手が、書くことに関する何らかのモチーフ、あるいは課題意識を持ってもの・ことに対し、書くことを通してそれをとらえ（即ち、自己の内に意味世界を生成し）、それを新しい情報として再構成し、発信していくとともに、そのことで、人（他者）とのコミュニケーションの関係を形成していく行為である。また、「読む」ということは、読み手が、何らかのモチーフ、あるいは課題意識を持って情報テキスト（あるいは文学テキスト）と向かい合い、読むことを通して意味世界を創出するとともに、そのことで他者理解を生み出していく行為である。

要するに、「書く」も「読む」も、その言語活動としての本質は、自己の認識・思考を生成するとともに、他者との関係を形成していくこと、つまりは自己の世界の創造にある。その行為が学習活動であっても、学習者は、そこに新しい自己を生み出していく。話す・聞く・書く・読むの活動が、新しい自己を生み出す行為として成立するとき、それは「生きた言語活動」となるのである。

3　読む活動自体の充実――その1　指示内容を明らかにする「問い」

(1)　意味世界を創り出す〈読み〉

文学の〈読み〉（＝読むという言語活動）の学習の場合について考えてみよう。

前述したことだが、〈読み〉の学習は、〈読み〉の行為を通して成立する。〈読み〉の学習の成立を保証するのは、充実した〈読み〉の行為である。

たとえ、学習であっても、文学テキストを前にして、学習者は、一人の読者である。一人の読者としての〈読み〉の行為の成立なくして、〈読み〉の学習はない。文学テキストのことばと関わり、わが内に作品世界を自ら創出する行為を通して、初めてその行為が〈読み〉の学習として成立する。学習者にとっては、自己創造の生きた言語活動こそが、生きた学習となるのである。

〈読み〉の学習を保証するのは、読むという言語活動そのものの成立である。だから、大正期以降、多くの先達は、〈読み〉の成立の問題と真剣に取り組んできた。読むとはどういう行為か、その問題と取り組んできたのは、わが国の場合、文学研究者ではなく、国語教師たちであった。それは、〈読み〉の行為の成立なくして、〈読み〉の教育はなかったからである。〈読み〉の行為のあり方が、〈読み〉の教育の成立を保証するものだと考えられてきたのである。

読者である学習者にとって、教材文は、それ自体、読書材として固有の価値を有する文学テキストである。彼は、一人の読者として、テキストのことばの仕組みをとらえ、文脈化して、わが内に意味世界を生成していく。その〈読み〉の行為を通して、自ら一人の読者として生きてこそ、それは、学習者にとって価値ある、生きた言語活動となるのである。読むことの学習は、その生きた「読み」の行為の成立とともにある。

一人の読者として、自己創造の〈読み〉の行為を生きることこそ、それは彼にとって生きた言語活動であり、〈読み〉の学習の成立を保証するものなのである。

(2) 説明文（情報テキスト）の〈読み〉の視点

国語学習を、「生きた言語活動」として成立させるようにしたい。言い換えると、自己の世界を創造する行為として成立させたい。新しい世界創造の手応えがあって、はじめてその活動は楽しいし、また学習活動としても実のあるものとなるのである。更に、説明的文章の読むことを例にして考察を進めよう。

〈読み〉の行為の本質は、自己創造のはたらきにある。読むことで、読者は、自己の内に一つの意味世界を生成し、新しい出会いを経験する。その出会いを通して、読者は、未知なる世界に目を開き、新しい自己を創造していくのである。

① 情報の〈読み〉――ことがらを情報化する

そもそも、文章（テキスト）は、読まれて初めて存在する。即ち、読者の前にあるのは、語とその連鎖からなる言語的資材に過ぎない。読者は、それを読むことでわが内に文脈を形成し、一つの意味世界を生成していく。

その〈読み〉の行為の基礎は、まず言語的資材である文章の指示内容をとらえることだ。指示内容をとらえることで、読者はそこに書かれていることがらをとらえる。

説明的文章（情報テキスト）の場合で言うと、読者は、まず指示内容としてのことがらを情報として受け止める。読むことのおもしろさの第一は、そのような、指示内容を、価値ある情報として受け止めることにある。そこに、自分にとって価値ある情報があるから、読むことはおもしろいのである。

文章（テキスト）の素材に過ぎないことがらを、情報として価値あらしめるのは、読者の必要感である。つまり、必要な情報だから価値があり、読者にとって、それを手に入れる〈読み〉はおもしろいのである。

〈読み〉のはたらきの第一は、必要感をもって文章の指示内容をとらえ、何らかの必要のもとに情報として価値づけする（必要な情報として価値づける）、そして、価値ある情報として活用するところにある。要するに、読み取ったことがらに情報としてのおもしろさを発見していくのである。

言うまでもないが、以上の〈読み〉は、指示内容をとらえるだけの「ことがら読み」ではない。繰り返すが、ことがらの情報価値を見いだす〈読み〉である。そのような〈読み〉を実践するには、読者が、情報を収集・活用する実の場に立っていなければならない。単に指示内容をとらえるだけでなく、情報再生産の〈読み〉の意識を持って、文章（テキスト）を情報源としてとらえ、そこから必要な情報を取り出して自分の情報生産に生かすようにしなければならない（それが、今日、リテラシーの能力として求められている「活用型の読解力」である）。

以下、教材「さけが大きくなるまで」（教育出版・小2）を例に、具体的な学習活動を挙げていこう。

まず、参考までに、教材文の一部をあげておく。

川を下ってきたさけの子どもたちは、一か月ぐらいの間、川の水と海の水がまじった川口の近くでくらしています。その間に、八センチメートルぐらいの大きさになります。

この教材文は、繰り返し音読しただけでも簡単に内容が読み取れるような文章である。ここでは強いてそのような読みの抵抗の少ない文章を例に、情報テキストの〈読み〉につき、検討していくことにする。

【学習活動例 1】

1　ことがら（題材）を読む。

ア　さけが大きくなるまでの様子を、整理する。

イ　各場面のさけの様子について、写真を見ながら説明する。

2　情報としての読む（必要な情報を取り出す）。

ア　さけが大きくなるまでの様子を説明する（紙芝居にして再発信する）。

イ　さけの一生の特徴（他の魚との違い）を説明する。

ウ　さけの成長を守るにはどうするかを考えて、説明する。

エ　（情報として）さらに知りたいことをとらえて、調べる。

②論理と、その意味の〈読み〉――情報を支える論理

前記の情報を取り出す〈読み〉は、情報化社会の現代、特に求められている〈読み〉ではあるが、しかし、それはあくまで読者のモチベーションに応じた〈読み〉である。言ってみれば、読者の側からの〈読み〉であって、特定の筆者がいて産出された言語テキストそのものの本質を解明する〈読み〉にはなっていない。指示内容を取り出し、それを読者の側から情報として価値づける〈読み〉は、確かに主体的な活動だとは言えるのだが、その文章のことばの仕組みを解き明かし、ほかならぬその文章そのものの価値を明らかにする〈読み〉にはなっていないのである。

ほかならぬその文章そのものの価値を明らかにするには、まず、指示内容をとらえるだけではなく、それを、どのような論理のもとに、どのような視角から、一つの情報として産出し、発信しているか、そこにどのような意味があるのかを明らかにしなければならない。それを明らかにしないと、ことばの仕組みに即して意味世界を生成したとは言えない。

読書行為として言うなら、前述したように、読者はことばの仕組みをとらえて文脈化し、自己の内に一つの意味世界を生成するが、それを確かなものにするには、ことばの仕組みに即して、文脈を形成する論理を明確にするとともに、そのような論理は何を意味しているか（そのような論理にはどのような意味があるか）を明らかにしなければならない。それは、ことばの仕組みの上に、そこに産出された情報の論理とその意味とを追究する〈読み〉である（それは、物語テキストで言うと、物語の展開の論理を解明するプロットの〈読み〉である）。ことがらの〈読み〉から論理と意味の〈読み〉へ――言ってみれば、ただそれだけのことだが、読者の側から言うと、どんなこととどんなこととを、どういう関係で結びつけて、どう展開していっているか、そこにどんな意味があるかを、ことばの仕組みの上に明らかにしていくのである。そこで問われるのは、どこを、どうとらえて、どう文脈化したかである。文章の〈読み〉のあり方としては、おそらくそれが最も大事な課題であろう。

【学習活動例 2】

3　論理を読む

ア　時・場所の展開と関係づけて、ことがらの変化を説明する。

（時系列の論理で、変化・成長の過程を整理して説明する。）

4　意味を読む

ア　（場面ごとに）さけの行動の意味について説明する。

イ　一言で言うと、何が描かれているかを、説明する。

例「環境に合わせて生き残り、成長し続けるさけ」

③　筆者の読み――情報発信者の「隠れた意図」

情報は、論理に支えられたことがら（題材）として、読者によってとらえられる。読者は、ことがら（題材）を情報としてとらえるが、しかし、そのことがら（題材）は、（情報発信の時点で）ある意図のもとに、あるものの見方・考え方によって、情報として産出・発信されたものである。情報受容者としての読者は、それを読まなければならない。

言語テキストの場合で言うと、情報を発信したのは、筆者である。その筆者がどのようなものの見方・考え方をしているのかは、言語化されていないかもしれない。しかし、読者は、それを読まなければならない。前記したような論理に支えられた情報を産出・発信したのは、どのようなものの見方・考え方なのかを問うのである。

問題は、表には表れていないかもしれない、筆者の、その題材に対する、あるいは情報発信に対する「思い」である。即ち、その情報産出を支えているのは、情報主体（発信者）のどのようなものの見方・考え方なのかを読むのである。一言で言うと、それは、情報を産出した筆者の「隠れた想《そう》」あるいは「隠れた意図」を追究する「読み」である。

【学習活動例 3】

5　筆者を読む

ア　筆者はどのようなものの見方・考え方をしているかを考えて、説明する。

（情報発信者としての筆者の「想」を想定する。）

イ　読み終わって、最も強く心に残っていることはどんなことか、筆者に言いたいことは何かを発表する。

→　そこから、筆者の「心」を読み、説明する。

※筆者の「心」

「成長して、ふたたび自分が生まれた川にもどってくる魚のいのちへの感動。」

読むことの学習を充実したものにするには、〈読み〉の活動そのものを、学習者＝読者にとって充実したものにしなければならない。説明文（情報テキスト）の領域における充実した〈読み〉の活動は、要約するなら、次の二つの方向に展開すると考えていいだろう。

ア　必要な情報を取り出す情報活用活動

指示内容に、情報として価値を見出し、自分の情報生産活動に生かす活動で、情報活用型の単元学習の中心となる活動である。

イ　情報を支える論理とその意味、筆者のものの見方・考え方を明らかにする追究活動

説明文（情報テキスト）を、独立した〈読み〉の対象としてとらえ、その文章そのものの価値を明らかにする読解型の活動である。

特に、後者は、ことばの仕組みと関わって意味世界を生成していく〈読み〉である。具体的には、筆者が提供した情報の意味するものは何かを課題とし、ことばの仕組みの解釈によってその課題を解明していく「追究としての〈読み〉」である（私は、〈読み〉の学習として、このような情報の意味の追究を中心とする活動を大事にしなければならないと考えている）。

4　読む活動自体の充実——その2「追究としての〈読み〉」を触発する「問い」

前節では、〈読み〉そのものを充実させるための視点（〈読み〉の視点）について検討した。しかし、その視点は、そのままでは学習活動の視点にはならない。例えば、「意味を読む」を成立させるために「……に、どんな意味がありますか」と問うて、それに答えさせようとしても、「追究としての〈読み〉」を触発することはできないからだ。

そこで、具体的には、テキストに即して、どんな「問い」を立て、どのような活動を設定するかが問題になる。例えば、

ア「情報を読む」ために、（ある目的・ある観点から）「……の様子を読み取り、紙芝居を作ろう」

イ「意味を読む」ために、「……というのはなぜか、説明してみよう」

という具合にである。

特に、後者の「追究としての〈読み〉」を触発するには、どのような「問い」を立てるかが鍵となる。そのような「問い」は、教材文の中の重要なことばを的確にとらえて意識化し、学習者の内に追究の意識を触発するようなものでなければならない。それはどういうことかというと、

ア「……」というのは、どのような考え方からか。

イ「……」と言っていることには、どのような意味があるか。

というように、その「問い」に答えることが、教材文に即して、そのことばの仕組みを解き明かし、そ

の意味を明らかにするようなものでなければならないということだ。いや、それだけではない。それに答えることが文脈を再構成し、情報を再生産するようなものでなければならない。大事なのは、前述したように「追究としての〈読み〉」を触発する「問い」である。

そのような「追究としての〈読み〉」の行為の原点には、読書材（教材）に対する学習者の興味・関心、あるいは問題意識など、彼らの〈読み〉の行為への内発的動機がなければならないのは当然のことだ。しかし、「問い」に関して言っておかなければならないのは、教師の役割である。即ち、学習の過程において、それを触発し、更に〈読み〉の課題を明確にするのは教師の責任なのである。

もちろん、学習者の内発的動機は重視しなければならない。しかし、どのような学習活動を展開するのかの責任は教師にある。更に言うなら、価値ある〈読み〉を成立させるには、どのような視点から教材文（テキスト）に切り込んだらいいのかがわかるのは教師なのである。

繰り返すが、大事なのは「どのような問いを立てるか」である。問題を焦点化し、文脈を掘り起こして、情報を支える論理とその意味とを追究する視点が「問い」である。学習者の興味・関心、問題意識と、教材（テキスト）のことばの仕組みとを踏まえて、「どのような問いを立てるか」が〈読み〉を成立させる決め手になる。「問い」こそが、「追究としての〈読み〉」を触発し、生きた言語活動を成立させるきっかけとなるのである。

次に、説明文（情報テキスト）の場合の学習活動を、「さけが大きくなるまで」を例に、整理しておこう。

教材「さけが大きくなるまで」の〈読み〉の視点

ことがら　・さけの成長のようすを表に整理する。
　　　　　・それぞれの写真について、説明する。

情報	・さけの一生を紙芝居にする。 ・レポーターになって、説明する。 ・疑問に思うこと、さらに調べたいことをとらえる。 ☆他の資料で調べる。
論理	・ばらばらにした写真の順序を並べかえ、さけの成長について説明する。 ・時・場所の変化と関係づけて、どのようにして大きくなったかについて説明する。
意味	・さけの行動の意味について、説明する。 ・ここでは何が語られているか、そこにどんな意味があるかを説明する。 ・さけの成長過程で最も心打たれたことは何か、感想をまとめる。
筆者	・筆者は、どんなことを言いたいのだろうか（まとめる）。 ・読み終わった今、筆者に言いたいことは何か（まとめる）。

5　学習活動としての言語活動の充実――〈読み〉の成立のために

(1)　学習活動としての「書く」・「交流」

〈読み〉の行為を成立させ、充実させるための学習活動（学習としての言語活動）はいかにあるべきか。以下、その課題に応えて、「書く・交流」と「単元学習」について、その要点だけを述べさせていただく。

特に、学習活動として重要なのは、「書く」活動である。「書く」ことなしに、〈読み〉の能力の向上を確かなものにすることはできない。〈読み〉の成立を確かなものにするのは、「書く」活動である。――私は、このことを一貫して主張してきた。

もちろん、読むことの学習の土台は声に出して読むことである。それで、私は、これまでも読解力を向上させるための音読・朗読について論じてもきた（特に、プロミネンスとポーズの重要性について）。しかし、〈読み〉の行為と意識的に取り組むには、また、自分の〈読み〉を振り返って（対自的に）明らかにしつつ、さらに確かにしていくには、どうしても「書く」と「話し合う」（交流）の活動が必要だし、教室における学習活動としては特に効果的な活動なのである。（以下、ここでは、〈読み〉のための「書く」を取り上げ、そのポイントだけを記しておくことにする）。

〈読み〉を確かにするには、文章（テキスト）の全体の文脈をとらえ、再構成していかなければならない（それは、文章の展開をまとめて把握する活動である）。また、文脈中のキーとなる語や、語とその連鎖のあり方（ことばの仕組み）をとらえ、その意味を明らかにしていかなければならない（それは、このような表現には、どのような意味があるかを把握する活動である）。要するに、それらは、文章の展開やキーワードについて、その意味を明らかにしていく活動である。

そのような活動が、「解釈」という作業である。解釈は、〈読み〉を成立させる重要な作業であるが、しかし、頭の中の活動（つまりブラックボックスの中の活動）である。それを、読者自らが意識的に行うには、問題を明確にし（「問い」を立て）それに関する思考を言語化していかなければならない。その活動が、「説明」（さらには「論述」）である。つまり、ブラックボックスの中の「解釈」は、内言によって成立するが、「説明」という言語活動は、それを確かにするのである。

「問い」に対する追究活動を通して、自分の思いや考えを書くことで言語化し、説明することで解釈を成立させていく――それが、〈読み〉の学習における中心的な「書く」活動である。

なお、「交流」は、自分以外の解釈、あるいは感想・批評と出会い、自分の〈読み〉を相対化し、〈読み〉の主観性を克服していく上で、教室だからこそ可能な、きわめて重要な活動である。

(2) 単元学習の開発

〈読み〉の活動を活性化し、充実させるために有効な学習活動に、単元学習がある。最近では、文部科学省を中心に「単元を貫く言語活動」の開発が進められているが、それも、国語学習のための単元学習の有効性に着目したものとして期待される。

単元学習は、前述した〈読み〉の視点で言うと「情報の読み」を活性化するための学習活動として実践されてきた。一九七〇年代に展開した大村浜《おおむらはま》氏の読書を中心とした単元学習は、ほとんどがこれである。今後も、情報単元は、読書単元とともに、さらに実践の幅を広げていかなければならない。しかし、それ以外にも、例えば、〈読み〉を柱とした次のような単元が考えられる。

① 「論理を読む」を徹底する単元学習

ア 情報テキストの論理(情報はどのような論理に支えられて生産・発信されているか)をとらえ、発表する。

イ 二つ以上のテキストを比較し、そのテキストを支える論理を明らかにして、感想・批評を述べる。

② 「意味を読む」を徹底する単元学習

ア 情報テキストの意味を読み、それに対する感想・批評を述べる。

イ 二つ以上のテキストの意味をとらえ、その違いを明らかにして、発表する。

③ 「筆者を読む」を徹底する単元学習

ア 筆者を想定し、情報生産の過程を明らかにして、発表する。さらに論評する。

イ 二つ以上のテキストの筆者を読み、それぞれの特徴をとらえて、論評する。

ウ 筆者の特徴をとらえ、同じ筆者のテキストを読書材として〈読み〉を広げ、感想を発表する。

おわりに

　国語科の学習は、学習内容としての言語活動と、学習活動としての言語活動との、二重の活動の上に成立する。本稿では、「読む」という言語活動自体の充実を主眼とし、そのための学習活動としての言語活動のあり方について検討した。

補説1 「説明文の読み」における、三つの読みのはたらき

1 文章としての読み
①段落の連接関係をおさえ、文章の展開をとらえる。
②全体の文章構造をとらえ、全体に部分を位置づける。

2 情報として生かす読み
①情報を収集し、再構成・再生産する。
②問題を発見し、追究する↔他の資料と比較する。
ア 疑問点・不足情報を発見する。
イ 指示内容を検証・確認する。

3 説明の論理・意味・筆者の読み
①論理を読む――（エピソードを関係づけ）説明の展開・順序をとらえる。
②意味を読む――何を問題として、追究しているかをとらえる。
③筆者を読む――筆者は、どんな思いで語っているかを考える。

補説2　戦後の「言語活動」の歴史

あらゆる領域の学習過程における「言語活動の充実」は、学習の成立に関わる言語のはたらきに注目した言語力重視の教育観だが、知識基盤社会における教育のあり方としては必然的、かつ本質的な実践的課題である。

思考や判断は、目には見えない知能のはたらきである。そのブラックボックスの中の思考・判断を言語化することで確かなものにすることは、教育の基本的なあり方である。言語は、思考・判断に筋道をつけ、可視化するだけでなく、思考・判断のはたらき自体を引き出すのである。「言語活動」の語は、教育の基本的なあり方に関わるキーワードとして注目されているのである。（平成に入る頃から見直され始めた単元学習は、そんな言語活動のはたらきに着目し、一貫した言語活動をもって学習活動を組織しようとしたものであった）。

言うまでもなく、「言語活動」という語は戦後教育のキーワードの一つであるが、この語が国語教育のあり方を示す重要語として使われたのは、西尾実《にしおみのる》によってであった。西尾は、昭和一〇（一九三五）年以降、特に昭和一四（一九三九）年の『国語教育の新領域』（岩波書店）以降の諸論において、言語活動を「地盤的流域」とする「言語生活主義」の教育を提唱した。戦後は、それがアメリカから導入された経験主義教育と相まって、話す・聞く・書く・読むの全領域における言語活動を学習内容とする活動主義的な新教育として実践された（それは、西尾の言語生活主義の正当な実践形態ではなかったはずだが、ここでは触れないでおく）。

戦後新教育の言語活動本位の国語教育は、「活動ありて学習なし」などと言って批判され、昭和三〇年代の系統主義の教育に取って代わられ、スキル学習やプログラム学習、基本的指導過程による学習がさかんになるが、昭和四〇年代に入ると、情報化社会を背景に創造性の教育が求められるとともに、多様化の時代と言われ、大村浜による単元学習の実践的提案がなされる一方、完全習得学習が導入され、到達度目標・到達度評価の実践研究が始められた。特に、昭和五〇（一九七五）年を迎え、すべての分野で戦後三〇年が意識され始めた頃から、それまでの人間形成や言語生活の向上を指導理念とする戦後新教育の見直しが強く求められるようになった。

昭和五一（一九七六）年、教育課程審議会は「教育課程の基準の改善について」の答申で、「言語の教育としての立場」を前面に打ち出した。それを受け、翌昭和五二（一九七七）年、目標から「生活」の語をはずし、「言語の教育」を基本的立場として、「表現」「理解」の視点から能力を明示した第五次学習指導要領が告示された。即ち、それまでの国語科を内容主義に偏重しているとして批判し、「言語活動主義から言語能力主義へ」（明治図書『教育科学国語教育』昭和五二年一二月号の特集テーマ）と言われる時代を迎えたのである。教育学の分野では、戦後の態度主義学力観が批判されて、科学主義・能力主義学力観の提唱がなされており、また、日本国語教育学会は、昭和五六（一九八一）年、「ことばの力を育てる授業の創造」をサブテーマとして大会を開催、その同じ年、全国大学国語教育学会は、大会で「学力論の再検討」をテーマとするシンポジウムを実施した。要するに、昭和五〇年代（一九七〇年代後半から一九八〇年代にかけて）は、能力主義学力観が導入され、さらに自己学習力が注目され始めてもいて、学力への関心が高まっていた時代であった。

その一方、社会的には、不読者層の増加や若者のことばの乱れ、あるいは、小・中学生の「国語」離れが問題になっていた。そのような現実を見据えて、国語教育のあり方を、改めて「生活」「言語生活」の観点から見直そうとしたのは、日本国語教育学会であった。即ち、当学会は昭和五七（一九八二）年度の大会を「ことばの生活の向上を目指す学習指導」をサブテーマとして開催した（翌昭和五八年度大会は「ことばの生活からの出発」、五九年度は「ことばの生活に根ざす学習指導」であった）。また、単元学習への関心の高まりを背景に、学会誌『月刊国語教育研究』は、昭和五七（一九八二）年四月から、会長倉澤栄吉《くらさわえいきち》の「単元学習の実践に向けて」の連載を始めた。

その後、平成に入る頃から、国際化社会、多文化社会の進展の中で、教育の総合化が模索されるとともに、ゆとりの教育、心の教育が求められ、文部省は平成元（一九八九）年の第六次学習指導要領で、学習内容の精選、基礎・基本の徹底、個性を生かす教育などを打ち出すとともに、「新しい学力観」を提起し、自己学習力の育成を推し進めた。その頃から「二一世紀は総合の時代」と言われ、現場では、さまざまな形の総合学習が模索されて教育現場は活性化した。その中で国語単元学習もさかんに試みられるようになり、そんな機運の中、平成四（一九九二）年、日本国語教育学会は講座『国語単元学習の新展開』を刊行したが、教育課程上では平成一〇（一九九八）年の第七次学習指導要領に「総合的な学習の時間」が設定されるにとどまった（しかし、この第七次は、二一世紀を見通して国語科の学習内容を見直すなど、国語科の学習内容に関しては大事な改訂を進めている）。

その後、次に挙げる二つの事項が、今日の国語教育に大きな影響をもたらした。その一つは、平成一六（二〇〇四）年の文化審議会答申「これからの時代における国語力について」であり、もう一つはＯＥＣＤの「学習到達度調査」（ＰＩＳＡ調査）である。特に、ＰＩＳＡ調査は、「自らの目標を達成し、……書かれたテキストを理解し、利用し、熟考する能力」を「読解力」として、その到達度を見たもので、それを契機として、いわゆる「活用型」の国語力への関心を高めることとなった。

平成二〇（二〇〇八）年一月、中央教育審議会は、「言語の能力」を、「知識基盤社会」で必要な生きる力としての「思考力・判断力・表現力等」の基盤となる能力とし、その育成のための具体的な活動例まで示した。それを受けた同年三月告示の「学習指導要領」は、総則で、全教科における「言語活動の充実」を強く打ち出し、国語科の場合は、領域ごとに、言語の能力と言語活動例とを示した。更に文部科学省は、平成二二（二〇一〇）年、「言語活動の充実に関する指導事例集」を作成して、全教科における学習活動としての言語活動の徹底をはかっているのである。

以上の動きを概括的に言うと、平成一八（二〇〇六）年の教育基本法の改正を受け、「記憶力」重視の教育から、「生きる力」としての「思考力・判断力・表現力」重視の教育へと教育の方向を見定め、具体的な教育のあり方としては、言語能力の育成に重点を置き、言語活動の充実によってその実現をはかっていると言っていいだろう。

〔参考〕ことばの学び手が育つ国語教育の創造
――〈読み〉に視点を置き「学習活動」としての「言語活動」のあり方を考える

1 「言語活動の充実」という課題

・「言語活動の充実」は、学習の成立に関わる言語のはたらきに注目した言語力重視の教育観であり、知識基盤社会における教育のあり方の指標となる課題である。

・思考や判断は、目には見えない知能のはたらきである。そのブラックボックスの中の知的なはたらきを、言語化することで確かなものにすることは、学習の基本的なあり方である。

・言語は、思考・判断に筋道をつけ、可視化する。しかしそれだけではない。思考・判断のはたらき自体を引き出すのも言語である。

・平成に入る頃から見直され始めた単元学習は、そんな言語活動のはたらきに着目し、一貫した言語活動をもって学習活動を組織しようとしたものである。

2 充実した言語活動とは

「言語活動」の問い直し

・戦後の教育は、言語活動主義・言語生活主義を指導理念として出発した。しかし、その後、それを

「活動ありて学習なし」と批判した昭和三〇年代の系統主義の教育があり、また昭和五〇年代の「言語活動主義から言語能力主義へ」と言われた時代があった。

・ところが、平成に入ると、教育のあり方が大きく問い直され、平成二〇年代の今日、改めて言語活動に重点を置いた教育が求められている。

・では、その言語活動に重点を置いた教育とは、どのようなものでなければならないか。

「生きた言語活動」の本質

・歴史をふり返り、反省すべき点があるとすれば、それは活動の空洞化であろう。言語活動の本質は何か、それはいかにあるべきかについて、改めて考えなければならない。

・話す・聞く・書く・読むの活動を通して、人は思考し判断して思想を創出し、人間関係を形成していく。言語活動の本質は、自己の世界の創造にある。

3 「読むこと」の学習における「言語活動の充実」

意味生成の〈読み〉

・新しいことを知ることはもちろん楽しい。しかし、一度読んでわかったことを、繰り返し確かめるだけの学習は楽しくない。教材文をなぞるだけの読みには新しい発見がないのだ。そんなことがら読み、「なぞり読み」は「充実した言語活動」とは言えない。

・読む活動の本質は、テキストのことばの仕組みをとらえ、意味世界を生成していくところにある。それは、文学教材（文学テキスト）でも、また説明文教材でも同じである。

・読者は、ことばの仕組みをとらえて文脈化し、それに可能な限り、意味を与えていく。ことばの仕組みをどのようにとらえるか、それにどのような意味の与え方をするか、その可能性が問われなければならない。

・意味生成の〈読み〉は、文脈を成り立たせている論理とその意味、それを支えている筆者（あるいは作者）の想《そう》（ものの見方・考え方）を追究するところに成立する。

読者は、わが内に、文脈の論理と意味、筆者（あるいは作者）の想を、自らの意味世界として創出していく。それが自己創造の〈読み〉である。

〈読み〉の成立過程＝学習過程

・〈読み〉はどのようにして成立するか、即ち、読者の内に意味世界はどのようにして生成されるか、その過程が、学習過程である。

・読む活動の充実は、二つの方向に展開する。

　ア　読むことを生かす＝読書材に情報価値を見出し、情報発信活動へと展開する。

　　情報資料探索から、情報収集、再生産、発信の過程をパフォーマンス評価する。

　イ　〈読み〉そのものを充実させる＝問題をとらえ、読むことを通して追究する。

　　a　通し読みから場面読みへ。

　　b　通し読みから再読（まる読み）へ。

・活動を活性化するには、〈読み〉の意識を触発する活動を工夫、開発する必要がある。単元学習もその一つだが、〈読み〉そのものを深めることを疎かにしてはならない。

4　言語活動の充実、そして活性化

・学習活動としての言語活動の主体は、あくまで学習者である。学習者の言語活動へのモチベーションを高めなければならない。そのためにはどうするか。（前記ア・イ参照）

・基本的には、言語活動を、課題（目あて）追究の活動として設定する。
・学習者の課題意識をどう高め、課題をどう引き出すかが、教師の課題である。

課題追究の主体は学習者である。しかし、課題意識を目覚めさせ、明確で本格的な「問い」あるいは「めあて」として意識させるのは教師である。

教師のいざないがあってこそ、活動は学習者自身のものとして充実する。

三　「書く」を基軸とする学習

1　教育プランの作成と学力保障

(1)　教育プランを作成する

特に単元学習は、確かな教育プランの上に立って進められなければならないということはごくあたり前のことだが、現在のところ、学習内容までも含んだ教育プランの設定はきわめておろそかにされている。現在のような学習内容のおさえのあいまいな単元学習では、早晩、特にリテラシー能力（読み書き能力）に関する学力低下が表面化してくるであろう。総合学習における学力保障の視点から、教育プランの開発を急がなければならない。

(2)　子どもにとって必要な学びを考える

学習の総合化が求められ、しかも読書指導あるいは図書館活動の充実が叫ばれて、これまで以上の時間数が必要な時に、教育課程のうえでは、時間数が削減されがちで、そのしわよせが、読み書き能力の低下となって表面化する心配はきわめて大きい。学習塾や学習教室などの私的な教育機関や教育関係者が、学力保障・学力防衛をかかげた自衛策をうち出し、父母の支持をかち得ている。しかし、学校こそが、子どもの成長を広い視野でとらえて、必要な学力を保障する場にしなければならない。

しかし、だからと言って、市販のワークブックや漢字のドリルによってほんとうの学力がつくかどうかはきわめて疑わしい。ほんとうの学力とは何か。それは、言語生活の実の場に生きてはたらく力でなければならない。では、生きてはたらく力とは何か（どのような言語能力か）。また、それは、どのような活動を通して習得されるのか。これは、学習指導の原点とも言うべき問題である。まずは、一人一人の教師が学習指導の原点に立ち返って、どうしてもつけたい力は何かを見きわめ、それを実際の場で使えるようにするにはどうしたらいいかを考えて授業をするようにしたい。

なお、国語学力について私見を述べると、私は、「基礎」とは、文字・語彙・文法などの言語要素に関する能力であり、「基本」とは、話す・聞く・読む・書くの言語活動に関する能力だと考えている。それらが、実の場ではたらくものとして学習されて、はじめて、ほんとうの学力となるのである。

2 「書く」を学習活動の基軸とする

表現するとは、認識・思考の内容をことばにすることである。ことばにすることで、認識・思考自体が確かなものになる。

それは表現だけではない。理解するということも、文章や談話を自分のことばで受けとめるということ、即ち、認識・思考を自分のことばにするということである。そして、それを意識的に行った時、認識・思考自体が確かなものになる。読んだり聞いたりしたあと、それを要約したり感想を述べたりすると、理解が確かになることは、だれもが経験を通して知っていることでもある。特に「書く」は、活動の性格上、ことばを意識的に使うことになる。だから、結論的に言うなら、表現・理解の力をつけるには、「書く」活動が最も有効である。これまでもくり返し述べたことだが、国語科においては「書く」を基軸として学習活動を組織することを改めて提案しておきたい。それは、必ずや認識・思考活動を充実させるだけではなく、さらに創造的・生産的にするのではないだろうか。

「読む」の学習を例に考えてみよう。説明的文章にしても文学的文章にしても、学習のポイントは文脈の読みにある。文脈をとらえるには、次のような方法がある。

1　要約したり、あらすじをまとめたりする。

2　結論・結果に対応する理由・原因を説明する。

3　重要語句をとらえ、前後を踏まえて、解説する。

4　文章の内容や人物の言動などについて、論評する。

これらの「書く」活動は、文脈を踏まえなくてはできない活動であって、文脈をどうとらえたかが、表現の上にあらわれる。したがって、学習活動としては、書いた文章を読み合うことで、文脈のとらえ方を検討することができる。その活動自体は時間がかかるが、学習課題を焦点化して無駄をはぶき、「書く」を活動の基軸とするならば、確かな読みの力（＝言語能力）の習得が可能になるであろう。

読み手にとって大事なことは、自分はどのように理解したかであり、ことばにすることでそれは初めて明らかになる。ことばにして、それを対象化し、見直すことで、理解は自覚的なものになり、さらに確実になるのである。

四　追究としての「主体的・対話的で深い学び」

はじめに　「主体的・対話的で深い学び」の可能性

「どのように学ぶか」の視点から、第九期の教育課程が特に強調しているのは、「主体的・対話的で深い学び」である。これは、学びの過程の質的な充実を意図したものであって、指導内容がどんなに価値のあるものであっても、教える側がそれを外から与えて教え込むといった教育を否定し、子どもの学ぶという行為自体の充実をはかろうとしたものだと言っていいだろう。

私はこれを、言語能力は学び手である児童・生徒の内側からの活動を通して彼ら自身のものにするという言語教育観に立って受け止め、その視点から改訂が提示した授業改善の視点をどう生かすかについて、私見を述べていくことにする。

1　授業改善の視点1――「主体的・対話的な学び」

(1)「書く」を学習活動の基軸とする＝考えて書く「百文字作文」など

ここで「百文字」と言うのは、ある程度まとまった内容の文章という意味である。課題をしっかりととらえ、情報資料となるさまざまな物事を関係づけて考えをまとめる――こういった活動は、主体的な学習を実のあるものにする上で、きわめて重要かつ有効である。

「主体的学び」とは、単に児童・生徒が進んで勉強する、授業中に進んで発言するというようなことではない。もちろんそのようなことが大事なことは言うまでもないが、活動自体に子ども自身が手応えを感じるようなもの、達成感を感じるようなものでなければならない。特に「国語」の学習で言うなら、子ども自身が、自分の頭で考えたことを、しっかりとことばでまとめるような活動でなければならない。

そのためには、「書く」ことである。書くことで、初めて考えること自体、主体のものになる。

(2)「対の関係」の相互啓発で、個の自立を図る＝異質なる他者を認める対話

教室こそは、友達どうしが「対」の関係で関わり合い、問題を共有してそれぞれの考えを相互に交流し、啓発しあえる絶好の場のはずである。しかし、実際には、相互啓発的な（インタラクティヴな）交流学習は容易には見られなかったのではないだろうか。

今回の改訂における「対話的な学び」という提言を、私たちは謙虚に受け止め、自分たちの教室を改めてふり返ってみなければならない。果たして、学習者相互に「対の関係」は成立していただろうか。「対の関係」を通しての異質なる他者の発見はあっただろうか。「話し合い」はあっても、「対の関係」を通しての、異質なる他者との相互啓発はなかったというのが現実ではないだろうか。

「対話的な学び」を進めていく上で大事なことを、主体と他者との関係としての「対の関係」の成立の観点から、次に挙げておこう。

〔対話による主体形成〕

①　**課題共有**＝互いに課題を共有すること。

「対の関係」で関わり合うには、お互いが、何について、どのような方向で（どのような結論を求めて）話し合うかを明確にしておかなければならない。

②　**自己確立・自己認識**＝自分の考えを持つこと。

それぞれが課題に対する自分なりの結論を持って話し合うのが普通の場合である。しかし、自分の結論の出ていない場合もあるかもしれない。その場合でも、自分にとっては何が問題なのか、どうして自分には今結論が出せないのかをはっきりさせておかなければならない。

③ **他者理解**＝まず、相手の考えを理解すること。

対話の基礎は、自己主張ではなく、他者理解である。人の言うことを理解することで、初めて対話は成り立つのである。まず、人の話に耳を傾けなければならない。自分が先に話し始めた場合でも、自分以外の人はどう考えているかを、聞こうとしなければならない。

④ **メタ認知**＝自分の考えをふり返り、問い直すこと。

他者を理解するということは、自己を相対化する立場に立つということである。他者理解を通して、自分をふり返り、自己を相対化する。即ち、対話を通して、自己の主張をメタ認知の対象とする。そのことで、新たな自己の生成・変容の可能性が生まれるのである。

（そのためにはどうするかが、対話学習の重要な課題である。）

対話は、異質なる他者との共生の関係の中に成立する。相容れることもない他者との間にも、対話を成立させなければならない。それは決して、譲り合うことでもなければ折り合いをつけることでもない。厳しい関係の中で共に生きる――対話は、その共生の可能性を求めて、実践されるのである。

2 授業改善の視点2――追究としての「深い学び」

⑴ 「問い」を立て、追究する

「主体的・対話的で深い学び」の中で、教育史的に見ても特に重要なのは、「深い学び」という視点の提示であろう。これからは、言語の認識・思考の機能をはたらかせながら、より深く理解したり、考えを形成したり、問題を解決したり、作品を創造したり……といった、過程を重視した学習が大事になってくる。つまり、国語の学習を、言語による認識の成立、問題の解決、思想の形成などの、過程的な行為としてみているのである。「深い学び」という文言は、国語学習を、言語的認識・思考の成立・深化の過程としてとらえたものだと言っていいだろう。

「書くこと」にしても「読むこと」にしても、その学習は、問題をとらえ、追究し、自分の考えをまとめる（一つの意味世界を生成する）といった、過程的行為として成立する。「深い学び」という文言の意味をそのように受け止めるなら、それは国語学習の本質的なあり方に関わる重要な提言だと言っていいだろう。では、それは、どのような学習活動として実践されるのだろうか。

端的に言って、「深い学び」とは、追究のある学びである。追究活動を展開する契機は、内なる「問い」にある。読みの学習の場合で言うと、「問い」を立て、追究する過程、それ全体が授業である。「問い」を立て、それを解決すべき課題として認識・思考の活動を展開し、最後に一つの意味世界を創出する。そのような追究の過程を「学び」の過程とするのが、読むことの領域における「深い学び」である。

そこで、問題になるのは、「問い」を立てるとは、どのようにすることか、そもそも「問い」とはどのようなものかということである。そこで、次に説明文教材の場合に、どのような「問い」が立つのかを見ておこう。

〈「問い」を立てる視点〉

a　情報の受容に関する「問い」（……とは、どういうことか）。
b　情報の解釈に関する「問い」（……とは、どういう意味か）。
c　情報の検証に関する「問い」（……ということに、間違いはないか）。
d　情報の批評に関する「問い」（……について、どう考えたらよいか）。

特に、情報の解釈と批評に関する「問い」が、重要である。また、一つの情報テキストの読みから、更に情報探索の目を広げるような発展的な「問い」があることにも留意する必要がある。

〈文学の読みにおける「問い」と「深い学び」〉

文学の読みの学習で、「深い学び」が、最も必要かつ有効なのは、次の二つの「問い」である。

1　心に残った「この一語」「この一文」にどのような意味があるかを問う。
　キーワード、キーセンテンスの解釈を試みる。

2　作品の全体（物語の展開）をまとめ、それにどのような意味があるかを問う。
　物語全体の解釈を試みる。

「この一語」に対して、あるいは、「物語の全体」に対して、それについてどう思うかを問うのである。

(2) 相互交流で、思考の幅を広げ、問題点を明らかにする

学習活動としての「対話」は、もちろん重要である。しかし、対話にはなっていないけれど、共通の課題をめぐって、協働して、互いの考えや調べたことなどを交流し合うことも、個の学びを広げたり深めたりしていく上では、きわめて重要である。それができるのは、教室という学習集団の場だからこそである。その場合、特に大事なのは、互いにどのようなことを話し合おうとしているかを十分に理解し合った上で、互いの情報を提供し合うこと、そして、互いの一致点と不一致点とを明らかにし合うことである。

話し合いにおける追究活動の基礎は、相互理解にある。相互理解とは、互いの一致点と不一致点とを明らかにすること、そのことで、互いに思考の幅を広げることだと言ってもいいだろう。互いに異質なものを認め合うことなしに、協働の追究活動は成立しない。

話し合いの目標として、合意形成を挙げることが多いが、しかし、学習活動において、それを前提とすると、互いの差違点を軽く見ることになりかねない。特に、ことばの学習において大事なのは、一人一人の個性であり、差違点である。国語の学習活動としては、異質なものの存在を認めた上で、互いを

受容し、共に考え合うような話し合い活動の開発を進めていくようにする必要がある。例えば、教室の中には、次のような活動の機会は、いくらでもあるはずである。

a　二人で話し合い、友達の意見（や情報）をメモし、自分との違いを発表する。

b　グループの中の一人一人の意見（や情報）をメモし、自分が参考にしたい意見を、理由をつけて発表する。

c　友達どうしで、あるいは学級全体の交流活動を通して、意見や情報を提供し合い、取材カードにメモする。

3　授業改善の視点3——追究としての単元学習

(1)　課題発見・追究の単元学習

単元学習は、一つの課題を解決するために関連情報を収集し、活用しながら追究し続ける過程的な行為として成立する。そこでは、次のようなことが問題になる。

[起動教材の設定から、情報活用・情報発信まで]

a　どのような課題を設定するか。そのために（課題意識を呼び起こすために）、どのような教材を「起動教材」とし、そこからどのような課題を引き出すか。

b　課題解決のために、どのような文章（言語資材）を情報テキスト（情報源）として収集するか。

c　情報テキストに対して、どのような情報収集・情報活用活動を展開するか。

d　どのような情報発信活動をもって、最初の課題に応えるか（どのような情報発信活動を展開したらよいか）。

この過程で、最も問題になるのは、教材文に対する読みである。教科書を中心に単元学習を成立させるきっかけは、教材文の読みにある。教材文を読むことが、問題発見から問題追究活動、あるいは情報収集活動の契機となるような読みが、教科書教材を手がかりとした単元学習成立の鍵となる。そのためには、まず、更に追究すべき問題（あるいは課題）を掘り起こさなければならない。そして、課題を柱として、足りない情報があれば、教材以外の資料をも情報源として情報を収集し、再構成して、新聞やリーフレットなど、さまざまな形で再構成し、発信（発表）するのである。

(2) 第二ステージとしての発展的活動

追究としての単元学習が、最もわかりやすい形で展開するのが、最初の教材文の読み（第一ステージ）でとらえた課題を、発展的な活動（第二ステージ）で追究し、情報生産活動に展開する形の単元学習である。

第二ステージとしての活動には、まず、発展読書がある。それは、例えば、文学領域の教材文の読みが一段落した後、その教材文の作家に興味を持ったら、第二ステージとして、更にその作家のものを読んで、その特質について考えるといった学習である。

また、第二ステージの活動としては、教材文の読みを土台として、それを朗読・群読や劇や紙芝居などの表現活動に展開するといった、発展型の活動も考えられる。いずれにしても、活動を支えるのは、学習の進展とともに生まれてくる課題意識であり、それを追究するところに単元としての学習が成立するのである。

第一ステージ	第二ステージ
教材文の読み （課題の掘り起こし）	課題を受けての発展的活動 （発展読書、表現活動　など）

(3) ものの見方を追体験する単元学習

教材文を読んで、筆者のものの見方・考え方（発想）を読み取り、その読み取った筆者のものの見方・考え方を借りて、自分でも物事を見てみる。つまり、筆者のものの見方を学び、それを自らのものとして、外界の物事をとらえる――といった活動である。

例えば、すでにやられていることだが、次のような活動が考えられる。

例1「アップとルーズで伝える」（光村図書・小四）

教材文の読みを土台に、学校や地域のことなど、自分の身のまわりの事実をアップとルーズで見て、気がついたことを、写真などを使って発表する。

例2「ぼくの世界、君の世界」（教育出版・小六）

自分だけの世界は伝えようとしない限り誰にもわかってもらえないのだから、人は伝え合うための努力を始めるのだという筆者の考えを読み取り、そのような筆者の目で見たらどんなことがあるだろうかと、自分の生活をふり返ってみて、考えを発表する。

(4) 複数教材による単元学習

課題を柱に追究活動を行うところに成立するのが単元学習である。だから、複数資料が先にあるのではない。しかし、どのような言語資材を情報資料とするかによって追究活動の性格が違ってくるから、情報資料の側から単元のあり方を考えておくのも大事なことである。特に、どのような複数資料（複数教材）を情報源とするかは、情報活用活動のあり方を左右することになる。そこで、どのような複数資料を教材とすることで、どのような単元学習が成立するかを整理しておこう。

※さまざまな複数資料を活用した例
（鬼を題材とした複数の本を資料とする例）

a　補助のための資料
補助資料で、情報の不足を補ったり、曖昧なところを確かめたりする。
（桃太郎の話は、どのように語られているか）

b　情報を拡大するための資料
複数資料から、関連する情報をできるだけたくさん取り出し、一つにまとめる。
（どんな鬼の話があるか）

c　比較するための資料
複数資料を比較し、差異化して、それぞれの資料の特質を明らかにする。
（昔話の中の鬼と、童話の中の鬼とはどんなところが違うか）

d　共通点あるいは相違点を取り出すための資料
複数資料から、共通点、あるいは相違点を取り出し、考察する。
（どのような鬼が語られているか）

e　普遍的なものを明らかにするための資料
関連情報を精査し、そこに共通する真理を追究する。
（語り手のどのような思いが表れているか）
（鬼を主人公にして、どのようなことが語られているか）

単元を通して追究活動を展開するには、どうしても情報資料を探索するところから始めなければならない。そのためには、関連する複数教材での追究活動が重要になってくる。

五　言語活動でひらく国語学習——ことばの学びの可視化

視点

平成二〇（二〇〇八）年、中教審の答申は、各教科等を貫く重要な改善の視点の第一として、「言語活動の充実」を掲げた。それは、すべての教科における学習内容の改訂ではなく、学習指導のあり方の改善を示唆するものだと言っていいだろう。即ち、「言語活動」を前面に押し出すことによって、新しい時代における教育の改革を、学習のあり方の内側から図ろうとしているのである。

特に、言語活動の成立（そのための言語力）を学習内容とする国語科にとって、「言語活動の充実」の文言は、学習内容そのものを見直すとともに、ことばの学びのあり方を見直す視点を提示されたものとして受けとらなければならない。

1　ことばの学びと言語活動

(1)　ことばの学びとしての言語活動

言語活動の成立は、国語科だけの課題ではない。もちろん、国語科の中心課題ではあるが、しかし、すべての教科において、言語活動は、その学びを確実に成立させる上での鍵である。なぜなら、特に、認知領域の学びは、認識・思考の過程を言語化することによって確かなものにすることができるからである。

ことばの学び（＝言語学習）は、話す・聞く、書く、読むのことばの活動（＝言語活動）を通して成立する。

例えば、書く力は、文章作法（書き方の手引き）の本を読むだけでは身につかない。実の場で生きてはたらく書く力は、書き手自身が、「このことを誰かに伝えたい」「このことを書こう」という、書くことに関する意欲を持って、自ら「書く」行為をする時、書き手自身のものになるのである。書くことの学びは、主体の書く行為の成立とともにある。

このことは、国語科の他領域の学習においても同じである。ＰＩＳＡ調査が重要だとしても、調査問題の傾向に合わせて、「傾向と対策」の受験指導的な練習のくり返しだけでは、現実の場で、自ら課題を明確にし、多角的に追究していく、生きてはたらく読みの力は育たない。与えられた問題に答える「解答人間」ではなく、「問題追究人間」を育てるには、学び手を読みの行為者にしなければならない。

実の場に生きた言語活動こそ、言語学習の基本なのである。学習内容の上でも、また学習活動・学習方法の上でも、言語活動を、教室におけることばの学びの基軸としなければならない。

(2) 言語活動の視点からの国語学習の設計

教室における国語学習は、教科書教材を中心に展開しているのが現状であろう。それを否定するものではないが、しかし、教科書が読めればいい（教材の内容が読み取れればいい）というのは、決して豊かな言語活動とは言えない。例えば、穴埋め式ワークシートの空欄に教材文のことばを入れて内容の理解を図るような作業では、未知を知ろうとする読みの意識を触発し、そこに充実した読みの活動を成立させることはできない。

今、学校教育に求められているのは、学び手が、自らの直面する課題と取り組み、情報を的確に取り出したり、調べたり、考えたり、話し合ったりして、問題を多角的にとらえ直しながら、課題を追究していく能力である。あるいは、現実の事物や自分の体験、さらには自らの認知・思考を言語化していく能力、またそれらに基づきながら、人間関係を形成し、他者とのコミュニケーションを拡充していく能力など、生産的・共生的・総合的な能力である。国語科は、それらの言語活動の能力を見据えながら、その育成を基軸として学習内容を設定することを考えなければならない。

では、言語活動を基軸として国語学習を設定するとは、どういうことか。それは、例えば、生産的・総合的な言語活動の成立を学習内容とするとともに、それ自体を学習活動として設定するということである。もう少し具体的に言うなら、「情報を再生産する＝課題解決のために、複数の情報資料を比較しながら読み、必要な情報を取り出して、自分の視点から情報を再生産する」という言語活動の能力の育成を学習のめあてとするなら、その言語活動の成立の過程を学習活動とするのである。

2　言語活動でひらくことばの学び

(1) 言語活動の視点からの国語学習の開発

言語活動を基軸とする国語学習のためには、どのような言語活動を設定するかという視点から、国語学習を設計しなければならない。児童・生徒の認識・思考・想像の能力や、表現力・人間関係形成力などの成長にとって価値ある言語活動を、実践的に体験させるという立場に立って、具体的な学習活動を構想するのである。

前記したように、国語科の場合、言語活動は言語力習得のための学習活動であると同時に、その成立自体が学習内容である。では、どのような観点から、どのような言語活動を、国語学習の基軸に据えたらよいだろうか。

平成二〇年の学習指導要領には、「生活に必要とされる記録、説明、報告、紹介、感想、討議などの言語活動」（「解説」）として、各「内容」の（２）に、具体的な活動例が示されているが、実践の場においては、その言語活動をさらに具体的な形で、即ち、児童・生徒の意識・能力などの実態や、社会的・文化的な状況などに応じて、学び手にとってリアリティのあるものとして設定していく必要がある。

そこで、次に、私案として、言語活動を設定する上で、今日的に特に重要な視点をあげておこう。

ア　課題追究活動としての言語活動
問題を発見し、多角的・総合的に追究する過程を言語活動として設定する。

イ　情報活用・生産活動としての言語活動
情報テキストの理解を基礎に、情報を再構成して発信する過程を言語活動として設定する。

ウ　思考活動としての言語活動
分析・総合、推論・論証、演繹・帰納などの思考形成の過程を言語活動として設定する。

エ　コミュニケーション活動としての言語活動
自己表現と相互理解とを中心としたコミュニケーションの過程を言語活動として設定する。

オ　体験の言語化（表現）としての言語活動
事物・事象の記録や報告など、体験的事実の言語化の過程を言語活動として設定する。

このような言語活動を柱として学習活動を組織するとなると、基本的にそれは、活動中心のプロジェクトメソッド的な単元学習になるであろう。その場合、活動は、ある課題あるいは話題をとらえて、実地や文献で調べたり、話し合いで考えを深めたりして追究し、報告や説明・論説にまとめて発信していくようなことになる。即ち、言語活動を基軸とする学習を実現するためには、どのような単元を設定するかが課題になるのである。

(2) 教材を生かす言語活動

国語学習は、基本的には、「学習として価値ある言語活動を、学習者に、どのように体験させるか」の視点から計画されるべきだとしても、しかし、国語科の場合、現実には、教科書が先にあって、教材を仲立ちとして学習を進めるのが一般になっている。それをやめて、すべて、価値ある言語活動の設定から始めるのは、現状では無理である。そこで、前記のような言語活動本位の学習が可能な場合は、そのような単元を組むとして、それが無理な場合は、教科書教材を生かした言語活動を、学習活動として設定することを考えなければならない。

それは、具体的にはどうすることか。端的に言うなら、それは教材の側から言語活動を開発し、それを通して国語学習の成立を図るということである。つまり、その教材を使ってどのような言語活動ができるかを明確にし、それを学習活動として設定するのである。

では、説明文教材の場合、どのような言語活動（特に「書く」）の設定が考えられるだろうか。学習の展開過程に沿ってみると、次のような「書く」活動が考えられる。

A　読解学習の過程における「書く」
　読みを確かにするための学習活動としての「書く」＝書き換え、解釈、説明、要約、紹介

B　読解学習のまとめとしての「書く」
　読解の完結後、さらに考えを深めるための「書く」＝批評、論評、評価、エッセイ
　・文章を読んで考えさせられたことを書く
　・筆者について考えたことを書く

C　読解学習の発展としての「書く」＝記録、報告（レポート）、説明、論説
　読解で触発された課題意識に基づき、新たに展開する「書く」

3　ことばの学びの可視化

子どもの学びの成立を確かにするために、学習活動の可視化（見える化）をはかる必要がある。内面の思考活動を言語活動に転化する。その言語活動を、さらに意識的・自覚的に進めるために、思考活動、あるいは思考内容を、文字やその他の記号・図表などの視覚情報に置き換えて、活動の可視化（見える化）をはかる。そのことで、学びの成立を、言語活動として確かにするのである。

(1)　学びの可視化（見える化）

「可視化」とは、客観的に目で見えるようにするということである。もの・ことの理解・解釈（＝認知・思考）の活動は、内言活動として主体の内側で行われる。そのため、果たしてそこで、認知・思考が成立したか否かは、ブラックボックスの中である。それを、確かなものにするには、はっきりとした行動として、外から客観的にとらえられるようにする必要がある。それが認知・思考の可視化である。

学習活動をブラックボックスの中に閉じ込めないためには、認知・思考の活動を、はっきりとした言語活動として可視化する必要がある。言語活動として可視化することで、学びの成立は確実なものになるのである。

そこで、学びの成立のためには、どのような活動を言語活動として設定・組織したらよいか（即ち、学びを可視化するにはどのような言語活動があるか）が問題になる。具体的には、どのような場合に、どのような言語活動が有効かを考えて、それを学習過程に位置づけるのである。

［事例＝東京都、S小学校の場合］

この学校では、「言語力の向上」を研究主題とし、「算数」を中心に、どのような言語活動が算数学習を確かなものにすることができるかという課題と実践的に取り組んでいる。これは、全ての学びを可能な限り言語化することによって、その成立を可視化していく試みの一つである。

⑵ 活動の意識化と可視化

くり返すが、すべての学習において、学びの成立を可視化する上で、最も有効なのは、認知・思考の活動を、言語活動として成立させることである。学習活動を、言語活動として可視化することで、学びの成立は確かなものになる。しかし、問題は、その言語活動自体が、果たして認知・思考の可視化になっているかということである。即ち、場の条件や主体の心理に左右されやすい言語活動は、ややもすると、十分に意識化されず、頭の中だけのことになったり、自動化してしまったりしかねない。第三者にとっても、また本人にとっても、必ずしも自覚的ではないし、また、メタ言語的に認知の対象として明確化するのも容易なことではないのである。

しかし、情報の発信は、どのような言語によって実践するかに関して意識的でなければならないし、受信も、情報の受容のあり方に関して自覚的でなければならない。情報の発信・受容を確かにするには、その活動自体を、自覚的に行わなければならない。そのためには、言語活動を認知の対象として可視化することが、きわめて重要である。

特に、言語学習においては、言語の使用や言語活動の実践に関して、学習者は、意識的、自覚的でなければならない。つまり、どのように表現し、どのように理解するかの言語活動のあり方は、意識的・自覚的になされなければならない。そのために有効なのが、「書く」ことなどによる言語活動の可視化である。表現も理解も、文字によって可視化されることにより、学習者にとって、自覚的で客観的なものになっていくのである。

(3) 言語活動の可視化

言語活動の可視化とは、それを、文字やその他の記号、図や表などによって書き表し、視覚的な情報に置き換えることである。言語活動は、可視化することで、主体にとっては自覚的なものになり、またそれを受ける第三者にとっては客観的なものになる。

特に、「書く」活動は、ブラックボックスの中の思考を、言語として明確にし、客観的な認知の対象とする上で、きわめて有効である。即ち、「書く」は、主体の頭の中で行われている言語操作を、文字言語として視覚的に見える形にする(可視化する)ことで、その成立を、自覚的、客観的なものにすることができるのである。

日常生活においては、文章を読んでも、読みのあり方自体は問題にならない。しかし、読みの学習においては、その文章をどう読むか(またどう読んだか)、さらには、どう読むことで言語力が身につくかが問題なのである。言語活動の可視化は、そのようなことばの学びのあり方を明確にするものである。

では、言語活動を可視化するには、どのような活動を設定したらよいだろうか。教材「サクラソウとトラマルハナバチ」(光村図書・小五)を例として考えてみよう。「読む」活動の成立を視覚的にも見えるようにするには、どのような「書く」活動の設定が考えられるだろうか。

次の活動は、その一例である。

〈例〉読みを成立させる「書く」活動

教材「サクラソウとトラマルハナバチ」の場合

1 リライト系の活動(書き換え、再構成)

ア サクラソウの受粉のために、トラマルハナバチがしていることを、(レポーターになって)

報告する。　（報告文）

イ　トラマルハナバチのしている事実とその役割を（紙芝居にして）説明する。（説明文）

ウ　筆者は、サクラソウの姿が少なくなった原因についてどう考えているのかを、要約する。（要約文）

2　コメント系の活動（解説、説明）

ア　サクラソウの受粉の仕組みについて、（解説者になって）解説する。（解説文）

イ　サクラソウのたねができなくなったわけを（研究者になって）説明する。（説明文）

ウ　サクラソウとトラマルハナバチとの関係について、（研究者になって）説明する。（説明文）

3　対話・インタビュー系の活動（台本）

ア　サクラソウとトラマルハナバチとの関係について、（対話やインタビュー活動を想定して）

対話台本やインタビュー台本を書く。（話し合いの台本）

4　解釈系の活動（読者としての説明）

ア　「結果として受粉の仲立ちをしている」というのは、どういうことか、説明する。（説明文）

5　批評・評価系の活動（感想・論評）

ア　サクラソウとトラマルハナバチとの共生関係に関する筆者の考えについて、感想を述べる。

（感想・論評）

4　学習方法の可視化と学びのツール

本稿では、すべての学びを言語活動として設定するとともに、その言語活動を視覚的に確認できるように可視化することの重要性について指摘した。その上で、さらに、検討すべきは、学習指導の実際面における活動の可視化である。即ち、ひとり学びや学び合いを有効に成立させるための具体的な学習方法を可視化するにはどうすればよいかということである。

話し合い・学び合いの学習を例に考えてみよう。それぞれが調べたことや考えたことを、相互に伝え合う交流学習の場合である。相手の話をしっかりと聞き、さらに相手に返し、話し合うといった一連の活動を意識的に進めていくには、例えば次のような可視的な活動が考えられる。

ア　聞き取りを確かにする。……………聞きながらメモ　ふり返りメモ
イ　聞いて疑問を持つ。質問する。……質問カード
ウ　聞いて自分の考えをまとめる。……感想シート
エ　感想を相手に伝える。……………メッセージカード
オ　新しい情報を提供したり、アドバイスしたりする。……アドバイスカード

その他、読解のためには、情報分類シートや分析シート、解釈シートなどが考えられるだろう。作文学習のためには、取材カード、発見カード、構想カード、マップシートなど、多くの方法の可視化が、すでに開発され、一般化されている。これら学びの可視化は、学びのツールの開発でもある。学習活動としての言語活動を確実に成立させるためのツールの開発は、言語活動の開発とともに、今後、積極的に進めていくための実践レベルの課題である。

六　対話を起こす――読みの主観性を克服するための視点

1　文学的文章の〈読み〉の問題

読みの成立に関しては、特に次の二つの問題がある。

1　主体的な「私の読み」をどのようにして触発し、成立させるか。

例えば、初発の感想を交流する、学習課題を設定して追究する、登場人物になりきって作文（日記など）を書くなど、さまざまな方法が考えられるだろう。つまり、第一の問題は、どのような方法・手順で作品のことばと関わっていくかという問題である。

2　「私の読み」の主観性をどのようにして克服するか。

これは、教材＝作品のことばをおさえて、自分の読みをさらに深めていく、いわゆる読み深めの問題である。読みの学習ではこれが一番の難問なのだが、それは「私の読み」を大事にしながら、その主観性を克服していかなければならないからである。

「私の読み」の創出も、読み直し・読み深めも、教材＝作品のことばをおさえるところに成り立つものである。それは、詳細な読解と言われようが、どうしてもなされなければならない読みの学習である。

本稿では、主観性克服の読み直し・読み深めのあり方について検討していく。それは、作品のことばとの関係で「私の読み」自体を問い直し、さらなる読みの可能性を探っていく読みである。

2　教室における自己変容の読み――他者との出会いとしての読み

個別的・個性的な「私の読み」を大事にしながら、しかも、自分の主観の枠組みを自ら壊し、新しい読みの可能性をひらいていかなければならない。即ち、作品のことばとの関わりを深めることで自分の読みをふり返り、時には自らそれを批判して、さらに新しい「私の読み」を創っていくのである。そのような読みが大事なのは、それを通して読者は初めて他者としての作品世界と出会うことができるからだ。

くり返すが、個性的に見える「私の読み」は、もしかしたら読者の手持ちの観念をあてはめただけのもの、つまり読者の主観の枠組みの中のものでしかないかもしれない。既成の主観の枠組みの内にある「私の読み」は、見直され、壊され、創り変えられ、ほんとうの「私の読み」として再生されなければならない。

3　主観を超える教室の読み

教室は異質な他者との出会いの場だと言われる。それは児童・生徒の数だけの多様な個性があり、その数だけの多様な読みと出会うことができるからである。

しかし、友達の読みは、そのままでは他者とはなり得ない。なぜなら、その友達の読み自体、既成の観念をあてはめただけの、主観の読みの域にとどまるものでしかないかもしれないからだ。読者の主観の枠組みを超えて立ちあらわれてくる作品世界こそ、読者が出会うべき他者である。

そこで、読者はどうしたら主観の枠組みを超えることができるかが問題になる。即ち、教室における読み直し・読み深めは、どのような活動を通して成立するのだろうか。それには、次の二つの方途がある。

(1)　作品の構造をとらえ直す。

見直しの観点は次の三つである。

ア　状況と人物の言動・存在との関係
　どのような人間が描かれているのか。
イ　出来事の展開における因果関係
　ストーリー展開の背後にはどのような内的な論理がはたらいているのか
ウ　出来事を語る語りと語り手の視点
　物語内容を語り手はどう語り、どう批評しているのか。

(2) 友達と読みを交流する。

先に、友達の読みは、他者とはなり得ない、出会うべきほんとうの他者は作品そのものであると言った。しかし、教室における友達の読みとの出会いは、互いの主観を相対化し、その枠組みを超える契機となる可能性がある。対話によって、相互の異質性を際立たせつつ、作品に返って自己を確立していかなければならない。それが、標題の「対話を起こす」ということである。

4　対話を起こす——共同思考を触発する

対話は、形態としては一対一の話し合いだが、その内実は共同思考としての討議であって、異質なもの間の矛盾・対立を止揚・克服していく（いわゆる弁証法的な）問題追究活動である。つまり、対話と討議とは「共同思考による問題追究」という同じ枠組みで考えることができる。したがって、「対話を起こす」とは「討議（ディスカッション）を起こす」ということであり、「共同思考を起こす」ということである。

共同思考としての対話・討議は、相互理解と自己相対化による主観性克服の契機となるものでなければならないが、さらに読みの学習過程においては、お互いの対立点・矛盾点、あるいは問題点を明確にし、読み直し、読み深めを触発するものでなければならない。友達の意見や見解は単に理解すればよいというものではないのだ。それは読者としての目を作品に向けさせるものでなければならない。

5 読みを生み出す対話

そのような読み直し・読み深めのための対話・討議を成立させるポイントを次に整理しておこう。

(1) 焦点化……問題（話題）を焦点化する。

何が問題（話題）かを明確にし、話し合いの焦点を絞る。

(2) 相互理解……友達の読みを知る。

特に、どうしてそのような考えを持ったかについて理解するようにする。

(3) 相対化……対立・矛盾点、問題点を明確にする。

作品のとらえ方に関して、どこが違うか、どんな問題があるかを話し合う。

(4) 自己認識……啓発されたこと、考えさせられたことをふり返る。

友達の考えを聞いて、初めて気づいたことや考えたことをまとめる。

(5) 読み直し……作品の上で読みを見直す。

改めて作品に返って、どこが問題か、そこをどう読むかなど、見直していく。

なお、対話・討議によって主観の枠組みを超えるには、さらに作品に即して、読み直し・読み深めの視点を明確にしなければならない。

七　一人一人が生きる授業

1　個が生きる授業の基礎

(1)　子どもを表現者にする

授業において一人一人が生きるとは、友達と関わるということである。友達との学び合いに参加することなくして、一人一人が生きるということはない。

一人一人が生きるには、一人一人が表現者にならなければならない。友達に対して自分を表現することがなければ、そこに人との関わりは生まれない。

そのために大事なことは、まず、声を出すということである。声が出れば、自分に自信が持てるし、授業にも積極的に参加するようにもなるのである。

(2)　声を出す活動の開発

今でも小学校入学の頃は、何か話させようとすると、しくしくと泣き出す子どもがいる。泣き出しはしなくても、不安な気持ちでいる子どもが多い。まず、みんなで一緒に声を出すことからはじめるとよい。入門期の教科書を開いて、登場人物に大きな声で呼びかける、登場人物になったつもりで、そのことばを、声をそろえて言ってみる、登場人物に、みんなの知っている歌を歌ってあげる……さまざまな場面をとらえて、みんなで一緒に声を出すようにするのである。高学年でも、基本的には同じである。声が出るようにするためには、例えば次のような活動が考えられる。

ア　教科書の音読練習

昔の小学生は日常的にやっていたことなのだが、最近はすっかり低調になっているのが音読練習である。家でもできるだけ誰かに聞いてもらって練習させるようにしたい。

イ　声を使ったことば遊び

「しりとり」や「ものはづくし（積み上げ歌）」「あいうえお歌」「数え歌」などを、声に出して楽しむのも、効果的である。声を出すのも、群読のようにするとよい。

例えば、「ものはづくし」だと、「いろはに・こんぺいとう／こんぺいとうは・あまい／あまいは……」と続くのだが、「〇〇は」のところだけを一人が読んで、それに続くことばを全員で声をそろえて読むようにするのである。

ウ　詩の朗読

モジュールとして、いわゆる「帯の時間」を設定し、詩の朗読の時間とする。朗読する詩は、あらかじめプリントで用意しておいて全員で音読するようにするとよい。

2　人との関わりをつくる

個が生きるとは、人と関わるということであり、個を生かすということは、人との関わりをつくり出すということである。次に挙げるのは、その基本的な展開例である。

【第一段階】

学び合い活動として大事なことは、発信者と受信者とが課題を共有していることと、内容面の掘り起こしを十分にしているということである。自信を持って話すためにも、課題に関するリサーチ活動や問題の掘り起こしなどが大事なのである。

【第二段階】

次に大事なことは、調べたことや考えたことを、要領よくまとめて、相手に伝える情報の生産・発信活動である。子ども自身が「自分を生かす」「自分らしさを発揮する」ということに手ごたえを感じる活動であって、これが「個を生かす授業」の基軸となる活動である。

【第三・四段階】

人との関わりをつくっていく上で、最も重要で、しかも難しいのは、聞くことによる情報の受容活動と、情報を受けとめて相手に返す情報の相互交流・共同思考の活動である。特に、「話し合い活動」は、相互理解・相互啓発を柱とするインタラクティブな学び合い活動においては最も重要な活動である。そのために大事なことは、「受けて話す」である。受け身で聞くのではなく、発信活動を前提として聞くようにするのである。

以上のような課題解決から発表へといった展開は、総合的な単元学習の基本的な型だが、しかし情報発信と相互交流とを基軸とする学び合いは、あらゆる学習場面で展開するものである。次に、その具体的な展開例を挙げよう。

3 一人一人が生きる〈読み〉の学習（文学教材の場合）

(1) 最初の音読の習熟度別指導

読みの学習は、教材の音読から始まる。読みの学習では、最初の段階での音読が特に重要で、音読に抵抗のある子は教師と一緒に読むようにして、習熟度別指導を行うようにする。全員がはっきりと音読できるようにしてやることが、一人一人を生かす授業を進めるための土台である。

(2) 読みの交流による学び合い＝個の関わり合い

昔から、「読みに始まり、読みに終わる」とか、「山のある授業」「節目のある授業」などと言われる。それらは授業に関する俗言の域を出ないものかもしれないが、実践から生まれた教師の知恵といった側面を持っているのも確かである。そこで、それを生かした授業展開例を考えてみる。

まず、授業の型としては、授業時間の最初と最後に音読の時間（合わせて約五分）をとる。残りの四〇分に、三つから五つの山を設定し、そのうちの一つを中心的な山として、そこに授業の重点を置く。

そこまでは、古くさい授業の型だが、そこで一人一人が生きる活動が進められるならば、〈学び〉の性格はまったく違ったものになる。では、一人一人が生きる活動としては、どのような展開が考えられるだろうか。

中心的な山の学習に二五分をとる。その学習は、例えば次のように展開する。

①**書く**――課題について、自分の考えを書く（一人学び）。〈約一〇分〉

まず書くことが重要である。これは、一人学びによる充電作業である。書くことが、人との交流の基盤となる。

②**話す**――書いたもの（自分の読み）を発表する。〈約五分〉

発表者は三名から五名ぐらいに絞るほうがいい。そして発表を聞いた後、その発表をめぐって、自分の書いたものを発表させるようにする。

③**話し合う**――発表をめぐって話し合う（学び合い）。〈約一〇分〉

〈読み〉の学習における学び合いは、〈読み〉を交流し、個の〈読み〉を深めていくところに成立する。一人一人の〈読み〉を引き出し、その交流をはかるのが教師の仕事である。リレー発言や、グループ討論などの手法を取り入れたとしても、一人一人の〈読み〉を生かした読み深めの鍵を握っているのは、教師である。

4 まとめ

教室は、他者としての友達との相互関係（インタラクション）の中で、個の充実と自立とをうながす場である。授業が学力の向上をめざすべきことは言うまでもないが、そのためにも、他者と関わり合い、学び合うインタラクティブな能力（相互理解・相互啓発の能力）の育成をはからなければならない。それは、今日の教育的課題でもある。

第三章

単元学習の開発

単元学習の可能性を求めて

一　なぜ、単元学習か――実践史を貫く学び手重視の教育思想

言語活動の解放

言語活動を、たとえそれが学びのためのものであっても、言語主体自身のものとして成立させよう。彼の内なる欲求を引き出し、それを追究する生活力とも言うべき能力を発揮させよう。そのために必要なことは、言語活動を、あらかじめ規定された学習内容を前提とした学習の枠組みから解放することだ。それは、言語活動を、日常用足し言語中心の実用主義の縛りからも、また、教育課程による正解到達主義の縛りからも解放することを意味している。

言語活動を、学び手が自ら生きる行為として成立させよう。言語活動を、学び手にとって、自らの主体的活動として触発し、たとえ、それが必要に応じたものであっても、内なる知情意の欲求に根ざし、自ら一人の人間として生きる活動として成立させよう。自ら未知への意欲をかき立て、自ら問題を発見し、その解決に向けて自ら情報を収集、再構成して、新しい情報を創出・生産し、言語活動の主体として生きる。それは、情報化社会を主体的に生きようとする現代人にとって、必然の生き方だ。

他者と出会う

未知の世界に目をひらき、他者との出会いに自らを振り返り、自ら課題を発見して、それを追究する。そのような意識的な追究は、言語を仲立ちとすることを必然とする。解決すべきは何か＝何が問題かを、言語で明確にし、その解決のために必然となる言語能力を発動させよう。通俗的な言い方ながら、それは、読むことの学習を、解釈学を下敷きにした正解主義の読解学習から解放することを意味している。

あらかじめ設定した正解に到達しておさまりがつくといった、単なる物知りとか、情報通とかの枠にはまることを拒否しなければならない。つまりは、読解の枠組みを突き抜ける力こそ、情報の創造的解釈力、あるいは再構成力として、見出されなければならないのではないだろうか。

思いもかけぬ他者との出会いを通して、主観の内に縮こまっていた自己に目覚め、意識的に外なる世界に目を向ける。即ち、未知なる世界に目をひらくとともに、自己に目覚め、内なる思いを外に向けて、他者追究のバネとする。そこに生まれる追究活動を実現するところに成立するのが、課題追究行為である。単元学習は、それを学習活動として成立するのだ。

追究の過程としての単元学習

「単元学習」は、単なる一つの学習方式ではない。それは、学習者の主体的な活動を学習のまとまりとするという意味で、学習者の主体性を基軸とする教育思想であり、自ら課題を設定し、それを追究する過程的行為をもって学習活動とするという意味で、学習者の視点に立つ学習原理である。したがって、単元学習のあり方を追求するということは、学習者の視点から、主体的学習活動のあり方を追究することだと言っていいだろう。

どのような時代になっても、学習は、学習者の主体的な課題追究活動として成立する。即ち、単元学習は、学習者の側から、学習活動の「課題追究の過程的行為」としての成立を図ろうとするものである。それは、学び手主体の教育思想の表れであり、教育原理でもあるということを改めて確認しておきたい。

二　新・生活主義国語教育としての単元学習

主体的な学び

一九二九（昭和四）年創刊の小砂丘忠義らによる『綴方生活』、一九三〇（昭和五）年創刊の成田忠久らによる『北方教育』などによって始められた生活綴方教育の本質は、書くことを通して、子どもが主体的に生きるということにあった。題材を身近な生活に求め、それをありのままに描き出すという点で、それは綴方独自のものであったが、しかし、子どもが身近な現実に問題をとらえ、それを客観的に追究し、自分の目でとらえたところを基礎に認識を深め、一つの作品にまとめあげる（即ち、認識・思考を成立させる）という点で、その認識・思考の成立過程を重視する教育は、すべての分野の教育を貫く思想であった。具体的に、それは、文学テキストの読みの教育でも、情報テキストの読みの教育においても大事なことであった。

たとえば、与えられた文章を読み解くだけのように見える読解の学習においても、また、情報処理の技術を学ぶための情報活用の学習においても、認知・認識の対象をとらえ、何らかの問題を発見して「問い」を立て、つまり、解決までを見通した「課題」を設定する。そして、その追究・解決のために資料を収集・処理して、再構成し、一つの思想内容を情報として形成する――といった活動は、その主体的な活動の本質において新・生活主義の活動である。そして、その情報生産・思想形成の活動は特に言語活動として、今後その具体的なあり方が問われなければならないであろう。「学び」を、学び手自身の主体的な行為として成立させようとするなら、そのあり方は、わが現実を一人の人間として主体的に生きることをもって「学び」の行為の本質とする新・生活主義の視点から問い直されて然るべきなのではないだろうか。

生きることで学ぶ

たとえば、単元学習は、戦後、アメリカから導入された新しい学習の形態を示すもののように思われてきたが（確かに、そのような形で日本の全国に広がっていったものではあるが）、しかし、私が五十年も前に、大分県で参観した授業（小学校四年生）は、お年寄りに教えられながら生活している村の暮らしについて、自分たちで経験し歓喜したことを中心に、レポートにまとめて発表し、意見を出し合って、自分たちの村の生活の実状について確認するといった活動であった。これは、アメリカから導入された経験主義、あるいはプロジェクト・メソッドとは、まったく無縁で、むしろ、生活綴方の流れをくむものと思われた。経験主義であろうとなかろうと、また生活綴方であろうとなかろうと、学習活動である以上、その学びの本質は、学び手の視点からの問題の発見、追究の活動でなければならない。その意味で、学び手が自ら問題をとらえ、そこに追究すべき課題を見出し、その情報価値を見極めつつ追究する――その追究の過程を学びの過程とするなら、課題を核に展開する単元学習は、まさに新・生活主義教育の一つの実践形態として見直され、組織されるべきではないだろうか。

私のこれまでの単元学習に関するレポートを、その視点から見たとき、改めて自ら批判すべきものもあるかもしれないが、そのことも含めて、単元的な活動を通して、学び手が自ら生きることで学ぶ活動として成立しているか否か、自ら反省しつつ、ここにまとめて提示するものである。

三　国語単元学習の基本

1　単元学習とは

(1)　単元の学習展開

単元学習は、学習者の関心・意欲に基づき、問題（あるいは課題）を解決しようとして展開する必然的・主体的な一連の活動を学習活動の単位とする学習方法である（単元は、戦後、カリキュラム論として論じられたが、ここでは方法論として検討していく）。

学習方法としての単元学習は、基本的には、次のように展開する。

ア　問題を発見し、課題として設定する。
イ　課題を追究し、解決する。
ウ　情報を生産し、発信する。

単元学習とは、このようなアからウの過程を学習活動とするものである。特に国語の単元学習は、解決すべき課題を中心に、それを追究し、解決して、情報を生産し（＝まとまった思想を形成し）、発信する（＝発表する）活動の一まとまりを学習活動とするものである。国語の単元学習と言っても、後述するように、その展開はさまざまだが、基本的には、課題の追究を活動の柱として、情報生産へと展開する過程的行為を学習活動とするものである。

たとえば、「ことばの乱れを調べる」という課題の下、調べ学習で情報を収集・再構成し、さらに再生産して、最後に何らかの形で発表するなら、その一連の活動は、学習の進め方としては、まさに単元学習である。

(2) 国語の単元学習

昭和二九(一九五四)年、文部省は、初めて単元学習に関する解説書を刊行した。それが、『単元学習の理解のために』という冊子である。戦後教育の中で、一時さかんに行われていた単元学習が、学力低下の批判を受けて、すでに実践界から姿を消していた頃のことであるが、それは文部省が初めて出した、本格的な単元学習の解説書であった。

その中で、文部省は、単元学習には、次の二つがあることを認めている。

・教材そのものの論理性に統一の根拠を求める教材単元
・児童の内面的な統合に統一の根拠を求める経験単元

この二つがあることを認めた上で、この冊子は「児童の興味と自発性」に基づくものとして「経験単元」を取り上げて検討し、解説を加えているのだが、まず、その「近代的手法」について、次のように述べている。

単元学習は、(略)児童と教師とが協同して、学習目的の確認、学習活動の計画、情報の収集などを行い、グループの学習の結果と個人の成長に対する評価に全ての児童が参加する協同グループの型をとる(略)

これは、「経験単元」とか「生活単元」とよばれる単元学習の方法であろう。しかし、それを社会科など内容教科のものとしたのは、前記の単元学習の根拠の求め方(すなわち、「教材単元」の根拠を教材に、また「経験単元」の根拠を児童に求める二分法の仕方)に問題があったからではないだろうか。それは、「学習は、あくまでも学習者の主体的な活動として成立する」のであって、「学習者の主体的な活動を学習の過程とするところに成立するのが単元学習である」という、単元学習の原理が見きわめられていなかったということである。

確かに、この冊子のように、単元としての統一の根拠を教材に求めるか、児童の興味や自発性に求めるかによる二分法は、社会科などの内容教科と国語科の単元学習とを分けて考えていくことになるわけで、実際的ではあるし、便利ではある。

しかし、たとえ教材本位の教材単元であっても、それを貫くのは、経験単元同様、学習者本位の主体的な学習原理である。『単元学習の理解のために』では、国語の単元学習は教材単元だとして、学習者主体重視の経験単元とは切り離したが、しかし、国語科の教材を柱とする単元学習も、課題追究を柱とする主体的な学習原理に基づいて成立するものであり、学習者の主体的な追究活動を学習の過程とするものなのである。

2 なぜ、単元学習か

(1) 単元学習の原理

繰り返す。単元学習とは、学習者自身の問題発見から課題設定を契機とする課題追究活動を通して、課題を解決し、さらに情報生産・情報発信へと展開する活動の一まとまりを学習活動の単位とする学習方法である。学習者の関心は課題解決にある。彼は、それを追究してまとまった思想を形成し、自己の世界を創っていく。大事なことは、その一連の活動が、主体的な自己創造の過程として成立するということである。つまりは、次のように言えるだろう。

単元学習は、学習者の内面的な要求に基づき、解決すべき課題を核として展開する課題追究の過程的な行為を学習活動とするものであって、主体的な学習の原理（すなわち、主体的な自己創造の原理）に立つ学習方法である。

言語の学習は、自ら言語素材と出会い、自ら言語主体として行為する――そのような経験を通して成立する。国語の単元学習は、児童・生徒にそのような実の場の経験をさせようとするものである。

「実の場」とは、学習者にとって生活的、あるいは現実的に出会い・追究・解決の必然性のある場ということである。単元学習は、そのような実の場における、主体的・生産的あるいは創造的な言語活動を求めるところに成立するものである。つまり、追究すべき課題を核として展開する実の場の活動を学習活動とする時、それは必然的に単元学習になると言っていいだろう。

(2) 今、なぜ単元学習か

ア 実の場の言語活動

私たちは、言語活動を通して言語能力を身につけていく。即ち、言語の学習は、言語活動を通して成立するのであって、言語活動のリアリティが、充実した国語学習を支えているのである。したがって、言語能力の習得のためには、言語活動を充実したものにしなければならない。そこでの課題は、いかにしてその言語活動を、児童・生徒にとって、リアリティのあるものにするかである。

特に、実の場にはたらく生きた言語能力を身につけるようにするには、言語活動を、リアリティのある実の場の活動として経験させせなければならない。児童・生徒の関心・意欲を触発し、内発的、あるいは自律的な言語活動を柱として、言語学習を組織するのである。そして、その課題に応えるのが国語単元学習である。

生きた言語能力は、実の場に生きた言語経験を通して習得される。そして、国語の単元学習は、実の場に生きた言語経験を学習活動として設定しようとするものである。そのためには、児童・生徒にとって価値ある言語経験・言語活動を開発していかなければならない。何が価値ある言語経験であり、言語活動であるか――単元学習の可能性は、その追究とともにある。単元学習の可能性が実践的にひらかれていくのはこれからである。

イ　生きてはたらく言語能力

問題発見から課題設定、情報を収集・整理し、情報（思想）を再構成・再生産していく――この一連の活動を通して、言語主体は他者を受容し、自己を再生していく。これが、他者理解と自己創造の言語活動である。即ち、言語活動を通して、私たちは、自己の外なるものを受け入れ、そのことで自己を見直すとともに、それを自分のものとして自己の世界を再生し、新しい価値を生産していくのである。

単元学習としての言語活動は、基本的にはそのような自己形成・自己創造の過程として成立するものである。自己の形成・創造の過程にはたらく言語に関する能力を、はたらきとして取り出してみると、例えば読むことの領域では、次のような能力がはたらいていると見ることができる。

1　（要点を）メモする能力
2　（事実を）記録する能力
3　報告する能力
4　要約する能力
5　書き換える能力（リライト）
6　説明する能力（ものの説明、ことの説明、方の説明、わけの説明）
7　比較する能力
8　分類（総合）する能力
9　批評・評価する能力
10　推論（論証）する能力
11　取り出し、引用する能力

このような言語能力は、もちろん練習学習でも育てることができるが、単元学習の場合は、実際の言語活動の場に即して学習させることができる。そのためには、具体的な言語活動を設定することが課題になってくる。

言語活動の本質は、主体にとって異質なものを受容し、自己を創造していくところにある。国語単元学習は、課題追究を柱とする一まとまりの情報生産活動として成立するものであり、それはまさに言語の自己創造的なはたらきに根ざすものだと言っていいだろう。言語活動のリアリティに支えられてこそ、国語単元学習なのである。

言語活動において大事なことは、言語を仲立ちとする自己創造のはたらきである。そこに、国語の単元的な学習が求められる根拠がある。「言語活動の充実」が求められる時、私たちは改めて国語単元学習のあり方をふり返り、実践的な視点からそのあり方と可能性とを問うていかなければならない。

3 単元学習の展開

(1) 単元の構成

主体的な学習原理に基づき、自己創造的な過程を学習活動とする――そのような単元学習には、実践形態としてさまざまなものがある。

日本国語教育学会の研究部による調査（学会誌に紹介された過去一〇年の実践事例の分析）では、四系統一六類型の単元が見出された（日本国語教育学会編『国語単元学習の創造Ⅰ・理論編』）。要するに、自己創造的な言語活動を学習活動とする単元学習には、さまざまな実践形態があるということである。

以下に、それをさらに実践的に、簡略に分類・整理しておこう。

1 課題解決型単元＝課題解決を柱とした、総合的な課題追究・解決型の単元

発見した問題を課題として設定し、それを解決しようとして、情報を収集・整理して、再構成し、新しい情報として生産・発信する活動を単元とするもの。課題には、主として次のようなものがある。

ア　生活上の課題
イ　言語に関する課題
ウ　伝統的な文化に関する課題
エ　読書に関する課題

2 活動目標型単元＝主として表現活動を最終目標とした単元

「新聞を発行する」「発表会をする」「劇をする」などの表現活動を課題として設定し、そのために、文献を読んだり、調査・研究をしたりして、情報を収集し、新しい表現形態で発表するなどの活動を単元とするもの。これは、表現をともなう言語活動を最後の活動目標とした単元である。最終目標としての活動には、主として次のようなものがある。

ア　研究発表会（プレゼンテーション）
イ　新聞作り（本作り）
ウ　朗読発表会
エ　紙芝居（ペープサートなど）
オ　劇の発表会
カ　読書会
キ　討論会（パネルディスカッション）

＊「1　課題解決型単元」も、「ア　研究発表会」や「イ　新聞作り」などの、表現活動に展開する

場合が多い。

3　読書関連型単元＝「読む」を活動の契機とした単元

教材文を起動教材とし、それを読むことで触発された問題意識や読書意欲を柱として関連読書に展開する単元。これには、情報読書に展開する場合と、文学読書に展開する場合とがある。

⑴　情報読書単元

教材文の「読み」を通して課題を発見し、主として情報読書を通して追究する単元。「読むこと」をきっかけとして調べ読みに展開する単元であるが、読書以外の調べ学習に展開する場合もある。

ア　問題を発見し、追究する活動
イ　ものの見方を触発されて始まる活動

⑵　文学読書単元

教材文の「読み」を契機として始まる文学読書単元。読解からの発展としての読書には次のようなものがある。

ア　関係する題材の本
イ　同じ作者の本
ウ　同じジャンルの本　など

⑵　合科への視点

「合科学習」を実践的・理論的に推し進めたのは木下竹次《きのしたたけじ》『学習原論』（一九二三）だが、ここで言う「合科」とは教科横断的・総合的な学習という意味である。課題解決のための活動は、国語という教科の中だけに収まらないのが必然であって、その点で、単元学習は、他教科との関連も視野に入れておかなければならない。

大村浜氏の総合的な単元は、中学校の「国語科」ということもあり、文献資料を学習材とするものであったので、国語科の枠を超えることはほとんどなかった。しかし、小学校の場合だと、児童の関心・興味は理科的・社会科的になるのが普通である。したがって、前記の「1　課題解決型単元」の場合は、他教科との関連を考えておかなければならない。

即ち、国語科は、主として言語に関する方法知を身につける教科だが、単元学習では他教科の内容知に関わる場合も出てくるのである。

文部科学省（国立教育政策研究所教育課程研究センター）発行の「評価規準の作成、評価方法の工夫改善のための参考資料（小学校）」（平成一四年二月）には、国語科の「わたしたちの環境保護作戦」（一〇時間）という第五学年の単元例が紹介されている。これは、「身のまわりの環境を守るためのリサイクルについて調べ、意見文にまとめよう」という趣旨の単元である。このような単元を実施するには、社会科や総合的な学習の時間の学習との関連を視野に入れないわけにはいかない。『言語活動の充実に関する指導事例集』（平成二二年一二月）とともに、前記した昭和二九（一九五四）年の『単元学習の理解のために』を超える教育観を示したものだと言っていいだろう。

単元学習は、「国語」という教科の枠を超える場合もある。教育史的に見るなら、それは、合科的学習に道を開くものだとも言えるのではないだろうか。しかし、それだけに、クロスカリキュラムとまではいかないまでも、他教科との関連づけはしておかなければならないだろう。

4　単元学習の課題

(1)　年間カリキュラムの作成

大村浜氏は、晩年、すべての学習を総合的な単元として組織し実践された。しかし、年間を通して、すべての学習が総合的な単元学習でなければならないということはない。

特に、複数資料を学習材とする総合的な単元は、年間カリキュラムを作成し、重点的に設定するのが実際的だと思われる。

また、教科書教材を起動教材とする関連読書の単元は、機会をとらえて可能な限り組み込んでいくようにしたい。関連教材の重ね読み、あるいは比べ読み、他の読書材への発展読書、関連読書の紹介活動、読みから表現（朗読・劇作り）への発展などの単元は、読解を開かれたものにする上でも有効である。

(2) 一教材一単元の成立

単元は、活動の形が問題なのではない。大事なのは、活動を貫く学習者の内発的な追究の意識である。だから、私は、一つの文学教材の〈読み〉の学習も、読者としての意識をてことして、一つの文学作品として読み深めていくなら、それは間違いなく単元学習だと考えている。

ただし、そこでは、学習として価値があるのはどのような活動かが問われなければならない。一教材であっても、その意味を追究し、自分にとってそれはどのような世界であるかを熟考し、それを言語化したり（鑑賞文にまとめたり）、表現活動に転化したりするなら、その活動は単元として意味があるのである。

大事なことは、〈読み〉の学習で言うなら、活動の形にとらわれず、学習者の課題追究の意識を触発し、主体的な活動を触発するような教材との出会いをさせることである。そのような出会い自体が単元学習の原点だと言ってもいいだろう。そしてそのような出会いは、その教材を起動教材として、さらに大きな単元学習に発展もするのである。

(3) 単元の開発と研究

新たな単元の開発は、これからのもっとも大事な課題である。学習者をめぐる環境や社会の動きを視野に入れるとともに、学力の開発・向上を実現させる上で、どのような活動を組織することが価値ある単元学習を可能にするのかを問題にしていかなければならない。価値ある単元の開発と研究とは、実践的な課題の第一なのである。

過去に発表されたすぐれた単元には、杉本賢二《すぎもとけんじ》氏（山梨・道志中学校）の「東日本大震災を書こう」、桑原隆《くわばらたかし》氏（早稲田大学）の「試作単元『お月様とウサギ』」、數井千春《かずいちはる》氏（東京・九段中等教育学校）「考える読書・本と対話しよう」などがある。

四　「問い」を立て、「追究する過程」としての言語学習

新しい教育課程が発表されました。第九次の改訂であります。教育界は、「主体的、対話的で深い学び」をキーワードとするアクティブラーニングを活動の基軸として動き出しました。私たちの学会も、その動きの外にいるわけにはいきません。今年度の大会を八月四日、五日に開催いたしますが、そこでも「主体的、対話的で深い学び」を軸に、単元学習の開発に取り組みます。しかしそれは、学会活動の軸を無自覚に教育課程においたということでは決してありません。実践・研究活動の軸を学び手主体の側に置くというのは、私たちの学会の基本的な姿勢であります。

レジュメに、学会の二つのキーワードである「ことばの学び手」と「豊かな言語生活」をあげております。この二つは、私たちが、教育の内実として求めてきたものです。教育の内実として、活動の軸を学び手主体の側に置き、学びの確立を求めてきたのです。

＊　＊　＊

学ぶという行為は、新しい知識を得ようとする場合も、新しい行動の可能性を求める場合も、「それは何か」という「問い」、あるいは「それはどうしたらよいか」という「問い」など、新しい世界や新しい可能性に対しての「問い」を内に持って始動します。そういう追究活動を通して「内なる問い」に自ら応える、その時に学習は一つの到達点に達します。後で述べますが、それが単元学習です。

読みの場合で言いますと、読みの能力は、テキストに対する何らかの「内なる問い」を、自ら解決すべき課題とし、それを追究していくプロセスを通して身についていきます。課題追究の読みの過程が、学力習得の過程となるわけです。主体の「問い」が、そのきっかけとなるのです。

行為としての学びは、問うことから始まります。問うことなしに、主体の行為としての活動は始まら

ない、始動しないのです。「問い」を持ち、それを追究することにおいて成立するのが、「学ぶ」という行為だと言っていいだろうと思います。どんなにためになる有用な知識も、有用な技術も、外から与えただけでは「学ぶ」という行為は成立しません。「学ぶ」という行為が成立しないところ、外から教え込むのを注入訓練と言いますが、そういう注入訓練によって身につけた技術が、あるいは知識が本当に主体のものになるとは思えません。「内に問いを持つから、主体の学びの行為は始まるのだ」と言っていいだろうと思います。

追究行為の契機としての「問い」を内に持つこと、はっきりと「問い」を立てること――それ自体が、「学び」です。問うことなくして、内側からの「学び」はないのです。「問い」を契機として「学び」が起動する。「問い」を、解決すべき問題として自らに課したとき、それが「課題」となるのです。

内側から問うこと、自ら「問い」を立てること、子ども自身が問題をとらえることの重要性に着目して、そこを起点として実践を展開した人たちがいます。戦後の早い時期の、香川県国語教育研究会（香国研）の人たちです。前の会長の倉澤栄吉先生が、昭和二六年から四十年ぐらい香国研にかかわられました。私も途中から十五、六年かかわらせていただきましたが、一九六八年、昭和四三年に野田弘《のだひろし》著の『問題創造の学習過程』が出ています。問題提起と言っていいようなこの著書の提起した問題を、当時の人たちは受け止めることができたかどうか、いささか疑問でありますが、野田弘先生が書いておられるその前書きの一節を読みます。

「『問題創造の学習過程』とは、児童みずからが、問題を発見することによって、教材内容を意識的に把握することから始まる。」

そして、「私たちは学習の出発を、問題を創ることに置く。」と言って、その立場を明確にしています。まさに「問題創造」と、その書名の通りです。このような提起が、昭和四三（一九六八）年にされているのです。そして、香国研では、この後、「筆者想定法」に入っていくわけであります。

香国研の「問題創造」に関して、さらに触れておきたいことがあるのですが、それは、「問い」はどのようにして生まれてくるかということです。端的に言って、「問い」の契機は他者との出会いにあります。他者との出会い、「おもしろいな」という共感的反応、「なぜ」「どうして」という異化的な反応、そういうところから「問い」は生まれるのです。この香国研の『問題創造の学習過程』は、そのようなことにも触れています。そして、その他者との出会いの反応を自己認識して、その正体を明らかにしようとするところに、「問い」が生まれます。つまり、自らの情意的、あるいは知的反応をメタ認知の対象とするところに「問い」は生まれると言っていいだろうと思います。

「問い」の生まれるきっかけ、即ち「問い」はどのようにして生まれるかという問題。今日もたくさんそのような実践が発表されたと思いますけれども、「問い」がどこに、どのようなかたちで生まれるかということは、さらに研究していかなければならない大事な問題だと思います。

例えば今日の発表で、第二分科会の板倉香代《いたくらかよ》さんの発表を、おもしろいなあと思いながら聞きました。板倉さんの実践は、一教材一単元であります。表現過程を掘り起こした実践です。紀要の十四ページの「問題の所在」の下から二行目に、「『筆者』を意識し、筆者との対話を読みの手段として自覚化しながら学習を進めていく」とあります。「提案の趣旨」の六行目に、「子供達は、自然と『わたし』とはどんな人物なのか、なぜウナギのなぞを追っているのか、という問いをもつ。その問いを出発点とし、『筆者へのインタビュー記事を書く』という言語活動を設定したい」とあります。これは、香国研の「筆者想定法」ではありませんが……。香国研の「筆者想定法」は、現実に存在する書き手を想定するという方法です。文学では作者研究が非常に重要になりますけれども、そういう作家論的な作者を読むのでもなくて、「この文章を書いた筆者はどのような活動をしたのだろうか」というようにフィクショナルに、虚構的に思い描いて、そのフィクションの中で、その文章を生み出した筆者の活動、情報を生み出すという行動を想定していくのです。フィクショナルな中でリアルなものを体験させる、表現過程を掘り起こすという点で、新しい読みを子どもにさせようとしているわけです。テキストのどこに、あるいは何に目をつけて、あるいはテキストのどのような特徴に目をつけて、どのような追究を、即ちどのような「問い」を立てていくかということ、そういうことにこの板倉さんの実践は一つの示唆を与えてくれたと思います。

「問い」を立てることは、それ自体大きな学習活動です。そして、学習活動の契機となる「問い」はどのようなものであって、それをどのように立てるのかということは、実践的に解明していかなければならない問題だと思います。

「問い」を核として展開する活動が、課題追究の活動ですが、それは、どのような活動かということが、次の問題になります。それは、情報を収集、比較し、関係づけて、思想内容を形成していく過程的行為――即ち、一つの価値ある意味世界を生み出していく、そういう情報の生産、意味世界の創出といった過程的な活動と言っていいだろうと思います。学習活動とは、追究の過程的な活動なのであります。それが成り立つのが単元学習です。というよりも、単元学習はそういうものを求めて進められるのです。

一つの価値ある意味世界を産み出すのが単元学習です。この山口大学でいうと、加藤宏文《かとうひろふみ》さんが『生きる力に培う「主題」単元学習』という著書を、平成十一年、一九九九年に出されています。西日本集会でいつもお世話になる世羅博昭《せらひろあき》さんは、この七月二十八日に早稲田での国語教育史学会で、「私の古典教育実践個体史――単元の編成と指導法の開拓を目指して」というテーマで講演をしてくださいます。

今日もお世話になっている愛媛大学の三浦和尚《みつうらかずなお》先生は、私たちの学会誌の一九九六年七月号に「実の場で育つ今日的な力」という論文を書いておられます。この特集は「国語の学力を育てる単元学習」というテーマでありまして、倉澤会長が巻頭言を書いておられますが、今ちょっとご紹介しただけでも、特に西日本の先生方で単元学習に取り組まれた先生は、たくさんいらっしゃるわけです。
今日、小学校分科会のコメンテーターを務めてくださった今村《いまむら》久二《ひさじ》先生は、夏に学会を開く品川学園の前身である品川小学校で校長先生をされました。先生の構想は、学校全体をエンサイクロペディア（百科事典）にするというものでした。学校全体に広がる多種多様な事物・事象を収集して、それに価値を認めて情報化する。さらにそれを再構成して、エンサイクロペディアを構成する、といった活動でありました。すべての教科を超えた、国語単元学習であったと言っていいと思います。

「問い」を自ら解決すべき課題として明確にし、それを自らに課して、活動を開始する。さまざまな活動によってその課題を解決しようとする、その追究の過程を学習活動として構成するところに、単元学習は成立するのです。

主体的・生産的な単元学習例として、最後に、広野昭甫《ひろのしょうほ》先生の「昭和の五十年」という実践事例を紹介したいと思います。これは、中学校三年生の五クラスで、それぞれでクラステーマを決め、二〇〇点を超える文献・資料を収集・分類し、各クラス内ではグループごとのテーマで調べ学習を行い、最後に研究報告書にまとめて発表会を開くというように展開したものです。例えば、三年C組の場合は、「昭和史の暗い影＝戦争」というクラステーマを、更に「少年少女の戦争観」「戦争の遺した傷あと」「戦争中の庶民の生活」など、六つのテーマに分け、それをグループで分担して情報収集・活用活動を展開しました。別資料に岡田毅君の作文を紹介してあります。岡田君は、日用品のうつり変わりについて調べたのですが、題材を見ますと、その活動は、社会科のようにも思われます。これは決して社会科ではありません。使用した文献・資料を見ると、歴史書、記録・体験記・手記・評論・小説・詩歌など多岐にわたっており、それらから、さまざまな情報を収集し、整理して、関係づけ、考察を深め、レポートにまとめ上げていく情報生産活動を、まさに問いをもってことば（情報）と関わり、追究を深めて、思想内容をまとめ上げていくという点、その過程で、リライトし、コメントするという活動は、国語単元学習の典型だと言っていいだろうと思われます。そして、本格的な国語単元学習は、汎用性の高い学力を育てる学習として、教科の枠組みを超えていくのです。

このような先輩たちの実践的提案を受け止め、それを越えていくのが、後に続く者の責務ではないでしょうか。

五　単元学習の構想

1　単元学習への視点

単元学習は、方式化した教育の方法ではない。それは、むしろ方式化を否定したところに成立する。もちろん、単元学習も、その原理は、教育内容論あるいは学力論などとの関係において、方法論のレベルで十分に検討されなければならない。また、教材価値の高い資料の発掘や、児童・生徒の意識（関心・意欲）を触発する活動の開発などは、教師の共通課題として追究されなければならないであろう。しかし、このような手順で学習を展開すれば単元学習になるといったマニュアルを求めることは、単元学習の精神に反するものである。

単元学習は、児童・生徒が、学習としての「知る」「つくる」「する」などの行為の主体としてそれと取り組むところに成立する。児童・生徒の意識が、「知る」「つくる」「する」などの行為に集中し、その完結にむけて一連の活動が展開する——そこに学習のまとまりが生まれる時、それが単元学習になるのである。

しかし、現実には、「単元学習」というと、ある特別な学習方式もしくは学習形態をさすもののように思われている。「単元学習は準備が大変だ」「今年は単元学習にチャレンジしてみようと思う」などと言うのを聞くと、今さらのように、「単元学習」を一つの学習の進め方として了解している人が多いのに気づかされる。しかし、単元学習とは、一定の学習の進め方を言うのではない。

確かに、「単元学習」というと、多資料、多活動による学習の進め方を指す場合が多い。たしかに、そのような学習形態が「単元学習」と呼ばれることが多い、しかし、複数の資料を用意し、活動に変化をつけ、その上、最後に発表会でも開けば単元学習になるというようなものではない。そのような学習の進め方は、総合単元学習的ではあるが、それが真の単元学習になるためには、児童・生徒が学習とどう取り組んでいるかが鍵である。単元学習は、形ではない。それを一定の学習方式・学習形態と考えることは、決して正しくない。

単元学習には、多資料、多活動のものもあるが、一つの教材の読み、あるいは一つの作文を中心としたものもある。たとえば、一つの童話・小説の読みを中心とした学習も、導入から展開、発展へと、読者としての児童・生徒の未知を求め、人間をさぐろうとする、あるいは自分自身を見つめようとする主体的な欲求に支えられた一連の活動として成立するなら、それはまさしく単元学習である。反対に、複数の資料を用意し、情報処理活動を設定しても、その活動が児童・生徒自身の問題追究行為になっていなければ、単元学習とは言えない。

くり返すが、学習が児童・生徒自身の一まとまりの言語活動として成立する時、いかなる形態であっても、その学習は単元学習だというべきであろう。即ち、単元学習は、学習を児童・生徒が自ら取り組む主体的な言語活動として成立させようとするものである。そこで問題は、どのような単元＝一まとまりの活動が児童・生徒の言語学習にとって価値があるか、正確に言うと、どのような単元が、どのような言語学習にとって、どのような価値があるかである。

2　活動のリアリティと単元学習

たとえ学習であっても、聞く・話す・読む・書くの言語活動は、児童・生徒にとって意味あるものでありたい。一つの童話・小説の読みの学習において、児童・生徒は一人の学習者でありながら、一人の読者である。一人の読者として、一つの創造世界を創り出し、新しい出会いを体験するのである。また、作文学習は、文章表現力を身につけるためのものであるが、そこでのもののとらえ方やことばの使い方が、その本人の認識のあり方やその発達と無関係でいいというものではない。そこで取り上げる作文の題材はもちろんのこと、ことばとことばとの関係づけの活動（言語操作）も、その本人の認識のあり方にかかわる時、その学習は彼にとって意味ある体験となるのである。

言語活動は、本来、未知をひらいたり、自分のものの見方を広げたり、あるいは、新しい人と人とのつながりをつくり出したり、自分自身をとらえ直したりするようなものである。学習だからといって、その言語活動の本質を軽く見てはならない。むしろ、学習の場においてこそ、日常生活では失われがちな言語活動のリアリティを回復しなければならない。

言語活動を通して、もの・ことに情報としての意味を見いだし、主体の認識を拡充・深化させる、あるいは、異質な他者との共生の基盤としての人間関係を形成していく……その時、その活動は、児童・生徒にとってリアリティのあるものになる。単元学習は、そのような、児童・生徒にとって意味のある言語活動を成立させようとするものである。即ち、児童・生徒にとって、聞く・話す・読む・書くの活動自体が意味あるものとして成立するなら、その学習は、形態の如何《いかん》にかかわらず、その本質において単元学習である。

3 単元のいろいろな構成

学習としての一連の言語活動を、児童・生徒自身にとって意味あるものとして成立せしめる――そこに一つの学習単位としての単元を構成する理念があるとするなら、そのためには具体的にどのような活動を想定することができるだろうか。次にいくつかの例をあげておこう。

(1) 一つの教材（文献資料）の読みを中心とした（発展教材への読みの展開を含む）単元

ア　文学教材を中心とした単元

① 人物の設定や言動をとらえ、人間を追究する。――いろいろな登場人物たち。

② 人物の描き方や語りをとらえ、作家のものの見方を追究する。

③ プロット、レトリックを分析し、作品の魅力・特質を追究する。
イ　説明的文章教材を中心とした単元
① 情報価値や筆者の考え方を追究する。
② 文章表現の特質（文章の論理や説得の技法等）を追究する。
(2) 複数教材（作者・筆者の同じもの、違うもの等）のくらべ読み（あるいは重ね読み）を中心とした単元
ア　文学教材を中心とした単元
① 主人公の設定や言動を比較し、人間を追究する。
② 人物の描き方や語りを比較し、作家の特質を追究する。
③ プロットやレトリックを比較し、それぞれの作家の特質を追究する。
イ　説明的文章教材を中心とした単元
① 情報内容や筆者の考え方の共通点・差異点を追究する。
② それぞれの文章表現の特質（共通点・差異点）やすぐれた表現法を追究する。
(3) ある問題追究のための情報収集・活用活動を中心とした単元
〈問題例〉
ア　郷土（風土・風俗等）
イ　文化・伝統（芸能・遊び・民話・ことわざ等）
ウ　自然環境（草花・環境問題等）
エ　社会問題（生活・人権等）

(4) ある言語的問題の追究の調査・分析を中心とした単元
〈問題例〉
ア　言語に関する問題　・文字　・語句、語彙　・文法（友達に送る漢字、複合語の研究など）
イ　言語生活に関する問題　・ことば遣い　・ことばの乱れ　・敬語
・流行語　・言語差別　・コマーシャルのことば
・ことわざのおもしろさ
ウ　言語表現に関する問題　・文章構成　・レトリック
(5) 文章表現活動（作文）を中心とした単元
ア　生活記録（自分の生活や自分自身を見つめて書く）
イ　報告・説明（ある問題について調べて書く）
ウ　論説・評論（問題をとらえて論じる、意見・感想を書く）
(6) 音声活動を中心とした単元
ア　朗読・朗唱・語り
イ　発表（調査報告、意見発表）
ウ　話し合い（討論、会議、ディベート）

4　脱教科的発想と教科学習

単元学習の発想は、脱教科的である。

児童・生徒がどのような問題（あるいは題材や話題）に興味・関心を持っており、それを中心にした追究活動として、「知る」「つくる」「する」のような活動に意欲を持っているか、そしてそれは児童・生徒にとってどのような意味・価値があるか、単元学習はそのような児童・生徒の側からの問いを基盤として構想される。

しかし、それだけでは単元は構成されない。その単元でどのような能力をつけるのかといった学習内容の見極めがなされなければならない。

児童・生徒の側からの問題や題材、および活動の価値と、教科の側からの学習内容としての学力とが、具体的な単元のあり方を決定する。言うならば、単元学習は、脱教科的な児童・生徒の論理と、学習内容をおさえた教科の論理との接点に設定されるのである。

教科は、言うまでもなく絶対的なものではない。現在の教科は、学校教育法施行規則によって示されたもので、その設定自体、時代の進展の中でたえず見直されるべきものである。しかし、そうは言っても、教科構造や教科内容はすでに一世紀近い実践的検討を経て来ており、特に学校における教育内容を明確にしていくには、現在のところ教科がもっとも妥当な枠組みだと思われる。

したがって、脱教科の発想を基盤に総合学習的に単元を組んだとしても、教科の観点から学習内容を明確にするのが実際的でもあるし、また必要なことでもある。即ち、単元学習は、その学習のあり方としてきわめて総合学習的でありながら、学習内容においてはあくまで教科をおさえてなされなければならないのである。

単元学習が注目されるようになるのにともなって、話題のもとに複数教材を集めれば単元学習になるといった安易な取り組みが見られるようになった。それは、児童・生徒にとってその活動にどのような意味があるかが見極められていないということであり、単元が児童・生徒の側から発想されていないということである。それともう一つ目立つようになってきたのは、児童・生徒の興味ある問題をとらえ、それを追究し、その結果を発表するような多様な言語活動を展開すれば単元学習になるという、言うならば社会科的な単元観である。

もちろんそのような活動も単元学習ではあろう。しかし、そこには教科学習としてのきびしい学習内容の見極めが足りないと言わざるを得ない。教科の観点からの学習内容の見極めをあいまいにしていたのでは、単元学習に将来はないであろう。

たとえば、郷土を題材とする単元（ふるさと単元）は、自分の住んでいる町の産業や特産品、お祭りや芸能、神社・寺院そのほかの建物などを現地に出向いて調べたり、インタビューで取材したりして、最後にそれをまとめて発表会を開いたり、本や掲示物を作ったりするといった展開になる場合が多い。それが、国語科の単元学習であって社会科学習でないのは、記録の取り方、インタビューの仕方、報告文のまとめ方などを学習内容とするからであるが、しかしそのような学習は、社会科学的な問題追究方法の学習として、社会科においても行われているものである。したがって、合科学習として考えるべきだと思われる場合が多い。

では、国語科の学習として設定するにはどうしたらよいか。はっきりとそれを国語科の単元学習にするには、文献資料を情報源として使った情報収集・活用の活動を設定することである。即ち、郷土単元を社会科と違うものにするには、読むという活動を中心に、発表活動を効果的な言語活動として展開することが大事である。

文献資料なしの調査活動や、それに基づく報告資料作成や調査報告（発表）ももちろん大事である。しかし、それだけでは社会科と区別がつかない。国語科だからこそ必要なのは、文献資料に情報価値を見出し、それを問題解決に生かしていくことである。

そのような読みの学習をおり込むには、もちろん、児童・生徒自身に必要な文献資料を集めさせるようにしなければならないが、問題によっては、教師がさまざまな文献資料を教材として用意してやる必要もあるであろう。また、適当なものがない場合には、児童・生徒の発達段階や興味・関心の実態、そして情報としての必要性などを考えて、教師自身が作成してやる必要もあろう。

単元学習を児童・生徒の実態に合わせて有効に行うには、教材の開発、さらには教材の作成も、教師の大事な仕事になってくるのである。

5　出発点としての問題意識

脱教科的発想とは、教科学習を否定もしくは拡散するものではない。教科を踏まえつつ、教科の枠を越えるところに脱教科の本質がある。単元学習が脱教科的だということは、教科を否定したり、軽く見たりすることでは決してない。むしろ、単元学習は、脱教科の立場から発想することによって、教科の独自性をよりいっそう明確にするものでなければならないのである。そのことを確認した上で、もう一度、児童・生徒の側からの発想の問題に戻ろう。

あくまで単元学習の種子は、児童・生徒の意識にある。自らが何に興味・関心を持ち、何をしたがっているかが、単元学習の出発点になければならない。

しかし、興味・関心・意欲というとらえ方は、まだあいまいである。児童・生徒の追究活動をひき起こすには、内発的契機となるものがなければならないが、端的に言って、それは、ある事物・事象に対する好奇心、あるいは問題意識、および他者に対する自己表現の欲求である。

たとえば、「敬語」は、小学校でも中学校でも国語科の学習内容となっており、それに関する知識は、それぞれの発達段階に応じて習得させたいものだとしても、「日本語の特徴の一つである敬語について調べよう」といった問題の投げかけでは、単元の形を借りた教養主義的な知識習得学習にしかならない。なぜなら、前記のような投げかけでは、児童・生徒に、敬語について追究しようとする内的契機がうまれるとは思えないからだ。内的契機のない学習は、その題材が社会問題として、あるいは教科学習として取り上げるだけの意義のあるものであったとしても、児童・生徒にとっては他人事《ひとごと》でしかない。

敬語という、国語学習として習得すべきことばの枠組みが先にあるのではなく、ことば遣いへの問題意識が敬語の問題にぶつかった時、そこに敬語を中心とした単元が生まれると考えるべきであろう。

たとえば、大人の人に、「今の子どもはことば遣いが乱暴だ。大人に対する口のきき方も知らない」と言われたが、自分にはよくわからない、大人の人はどんなていねいなことば遣いを期待しているのだろうか、また、そんなことば遣いをする必要があるのだろうか、反対に、知らない人から乱暴なものの言い方をされて、自分が軽く見られているようで心が傷つけられた、あんな言い方は許されるのか、相手が子どもでも失礼ではないのかなど、そんなことば遣いに関する問題意識が根底にあり、それが追究のエネルギーとなった時、その敬語学習は、児童・生徒にとって他人事ではない、自分自身のものとなる。

即ち、敬語を題材とする単元を、教養主義的なものにしないためには、ことば遣いに関する自分の切実な問題を追究しようとして敬語という枠組みと出会い、それを解明することで自分のことばに関する問題を解決するといった活動を設定しなければならない。

単元学習の出発点は児童・生徒の問題意識にあり、それを追究のエネルギーとする時、そこに活動のリアリティが生まれるのである。

六　単元学習の構成

1　単元学習を問うことの意味

単元学習は、本来、児童・生徒の関心事を核として展開する、生活的な経験の一まとまりを学習活動の一つの単位とする学習＝指導のあり方を言うものであって、経験主義教育の具体的な実践形態として開発されたものであった。

特に、わが国において、単元学習は、戦後、児童・生徒の自主的活動を重視する民主主義教育の具体的な実践形態として受け入れられ、その後、さまざまに開発されてきた。

当時、どのような実践が行われたかについて、ここで詳述はしないが、児童・生徒の自主活動を柱とするという一点において共通の基盤に立ちつつ、その展開に、さまざまな形の単元学習が、全国各地でさかんに試みられた。ところが、昭和三〇年代にはいって、その単元学習は、教育方法としての可能性を十分に確認しえないうちに、あたかもふくらんだ風船がしぼむが如く終息していった。なぜか。一言で言うなら、それは、そこで設定した単元学習を通してどのような学力をつけるのか、あるいは単元学習はどのような学力を保障するのかが明確にされていなかったからである。

昭和二〇年代後半から三〇年代にかけては、戦後の混乱の中から、教育界もようやく自らの足もとを見つめるようになり、戦後の新教育への反省が始まった時でもあった。その一つのきっかけとなったものに、学力低下問題があった。新教育としての単元学習も、その観点からの批判の対象となったのだが、当時の教育界は、その批判をしっかりと受けとめることができなかった。というより、学力問題をきっかけに、単元学習自体の教育方法としての可能性を問い直し、その理念と構造とを確立する方向には向かわず、その関心を系統学習に向けていったのである。

もちろん、単元学習と系統学習とは、レベルの違う問題であり、矛盾し合うものではない。しかし、教育界の大勢は、単元学習における学習内容とその系統性とを系統学習の観点から明確にするよりも、学習内容の系統性を直接的に教材の系統の上に求める形の、教材本位の系統学習へと進んでいったのである。これは国語科教育に限ったことではない。しかし、教科書教材中心に展開しがちな国語科には、特にこの傾向が強かった。そして、「単元」の名は、教科書や指導案の上に残ったものの、実質的には、教科書に準拠した教材中心単元（教材単元）としてのみ残ってきたのである。

教材中心単元も、単元学習の一つの形ではある。しかし、単元とは何かの問い直しを忘れた教科書中心の学習指導は、結果としては、戦前からの読本教材の解釈学的な読解指導といくらも違わない形で行われてきた。また、時には、特定の文章解読技術を中心に展開する学習参考書の構成といくらも違わない形の単元学習もないではなかった。どうしても教材（特に教科書教材）との関わりを深くせざるをえない国語科は、だからこそ、改めて、単元とは何か、国語科における単元学習はいかにあるべきかを問わなければならない。それを問うことは、国語科教育のあり方を問い直すことにつながるはずである。

2 単元学習への視点

今日、学習は児童・生徒の主体的な活動として組織しなければならないという学習指導観の興隆とともに、単元学習が見直されるようになってきた。そこで今もっとも大事なことは、その学習を通してどのような学力の形成をはかるかをはっきりさせることである。そうでなければ、かつて批判を受けた「活動はあって、学習がない」といった戦後経験主義の轍を踏むことになってしまうであろう。

どのような形であれ、学習活動を設定するには、そこで習得すべき学力を明確にしておかなければならない。形成すべき学力の見きわめなしに、学習活動は組織できないはずである。したがって、単元を設定するには、まずどのような学力の習得を学習内容とするかを明確にしなければならない。そのためには、単元学習で形成すべき言語能力とはどのようなものかを問わなければならない。

言うまでもないが、だからと言って、これまで国語科の学習内容とされてきた言語能力が、国語学力として重要でないということではない。しかし、それだけなら、教材中心の学習でもよいということになるであろう。単元学習によってこそ本当に身につく言語能力とは何かを明確にしなければならない。

しかし、このような論の進め方、即ち単元学習を実践するには、そこでどのような学力をつけるかを考えよ――というのは、実は逆なのである。どうしてもつけたい学力があって、そのために有効だからこそ単元学習は設定されなければならない。事実、新しい単元学習の開拓は、新しい学力観の模索と相まって、さまざまな立場の方々によって進められてきた。もちろん、単元を構成することは、国語学習への意欲をかき立て、学習活動を活性化するための学習方法としてきわめて有効だということもある。しかし、さらに本質的に、単元学習への志向は、教材の読解を自己目的化したような、これまでの学習指導にはあきたらないところに生まれたものであった。そこでは、ことばを学ぶとはどういうことか、ことばの力とは何か、ということが、たえず問い直されていたと言ってよいだろう。即ち、教育観・学力観の問い直しが、単元学習の見直しという一つの動きとなって現れているのである。

平成元年の学習指導要領の改訂を機に、改めて学力のとらえ方が問題にされるようになったことがあった。しかし、学力観の問い直しはその時に始まったことではない。特に、意欲や関心、問題意識、さらには感受力などの情意的能力、あるいは問題の発見・追究や認識の形成、自己の相対化(対自的評価)などの自己学習能力、そのようなものを学力論の立場からどう見るかといった、学力観の問い直しと学力の構造的把握とは、昭和五〇年前後から、さまざまに試みられてきたのである。

単元学習の見直しも、そのような学力観の問い直しと無縁ではない。というより、今述べたように、単元学習が見直されてきたのは、読本指導のような教科書中心の指導だけではあきたらないもののあることを多くの教師たちが感じ始めてからであって、むしろ新しい学力観の模索と相応じていると見るべきであろう。

新しい単元学習の構想は、同時に学力観の問い直しをともなうものでなければならないのである。

3 単元学習の構想

そもそも学習は、学習目標を達成しようとする一連の活動として展開する。したがって、その点から言うなら、単元学習は、決して特殊な学習＝指導の方法ではなく、ごく普通の、と言うよりは、普遍的な学習のあり方だと言ってよい。それを、わざわざ単元学習というのは、学習活動のまとまりを特に重視するからである。学習活動のまとまりは、言うまでもないことだが、学習者にとってのものでなければならない。児童・生徒の興味や問題意識が基盤となり、その追究として一つの学習活動が成立する時、その学習は、ひとまとまりの活動として意識され、学習者自身のものとなる。

今日、小学生・中学生の国語離れが問題となっているが、その原因は、学習活動が彼らにとって、アクチュアルなものとなっていないところにある。学習が、児童・生徒自身のものとなっていないのである。児童・生徒が、興味や問題意識を持って取り組み、自らそれを追究しようとして展開する活動を学習として組織しなければならない。そのためには、活動を必然とするような生活の場（シチュエーション）が大事になってくる。〈生活〉とは、単に日常的なくらしをさすのではない。主体が生活体としてまわりのものと関わり、その存在を確立・拡充しようとして、今という時を生きる時、その主体的な行動が生活になる。したがって、〈生活の場〉とは、主体が生きる場である。

たとえば、ある問題を解決したいという内的欲求につき動かされて、友達と意見を交換したり、関連する情報を収集したりする時、その活動は主体にとって生きる必然としての生活である。単元学習を成立せしめるには、そのような場（シチュエーション）をとらえる、あるいはそのような場を設定して学習活動を組む必要がある。

ここまで述べてきたことを、単元の構成原理としてまとめておこう。

単元の構成原理

1　活動と学力とを明確にする。
　どんな活動を通して、どんな学力の習得をはかるかを具体的に明らかにする。

2　場（シチュエーション）と興味（インタレスト）を生かす
　活動を必然とする〈主体が生きる場〉をとらえ、児童・生徒の好奇心や問題意識を触発し、活動のばねとする。

約言するなら、国語科における単元学習は、学習者の興味や問題意識に根ざし、その主体的な言語活動を通して、確かな言語能力の育成を図ろうとするものだと言えよう

4　単元学習の種類

どのような学習でも、それを構成するのは、活動（学習活動）と学力（学習内容）である。〈場〉と〈興味〉は、活動を主体的なものにする重要な条件となる。

単元学習も学習である以上、活動と学力とが学習の重要な構成要素であるが、活動の〈場〉と主体の〈興味〉とが活動を児童・生徒自身のものにしなければ、単元学習は成立しない。即ち、活動を必然とする〈場〉と、活動を主体的なものにする〈興味や問題意識〉があって、初めてその学習は単元学習となる。

要するに、国語学習の〈場〉が児童・生徒にとって言語生活の実の場として設定され、そこでの学習活動が、児童・生徒の主体的な言語活動として行われるならば、それは単元学習である。だから、先に述べたように、今日において、単元学習は決して特殊な学習形態ではない。

そのことを前提として、単元学習にはどのような形があるかを次に見ておこう。単元学習の形とは、言うまでもないが活動の形である。活動とそこでどのような学力をつけるかによって、単元学習は、大きく次のような種類に分けることができる。

(1) 言語単元＝言語研究単元

「ことばの不思議」や「ことばのなぞ」「ことばのおもしろさ」「ことば遣いのいろいろ」などに目をつけ、ことばを調べる単元である。調査・研究の幅をどこまで広げるかによって、大きな単元にもなれば、ミニ単元にもなる。どんなことばに目をつけるかが鍵である。たとえば、次のようなものが考えられる。

ア　言いにくいことば
イ　早口ことば調べ
ウ　「なぞなぞ」のいろいろ
エ　おもしろいコピーの研究
オ　詩の中の擬声語とその効果
カ　人を誘うことばの研究
キ　まちがいやすい漢字の調査
ク　漢字の組み立て方の研究
ケ　似ていることばの研究
コ　花の名調べ

「ころころ」と「ごろごろ」や、「つかむ」と「にぎる」など、似ていることばについて用例を集め、それを比較したり分類したりして、その違いを明らかにする活動は、すでによく実践されるようになっている。この言語単元の場合、問題の解決に向けての情報収集・活用が活動の中心であり、それに関する能力が学習内容となる。

(2) 言語技術単元＝言語練習単元

聞き取りの力を養うための練習や正確に伝えるための話し方練習、効果的に表現するための言語表現の練習など、児童・生徒がそれを必然とする場をとらえ、それと積極的に取り組むような興味づけをすると、練習学習も単元学習となる。たとえば、次のような単元が考えられよう。

ア　学校までの道順を正しく伝える。
イ　見たことだけを話す（主観をまじえずに客観的に話す）。
ウ　話し方のくせをとらえる（友達や自分の話し方の録音を聞いて……）。
エ　述べ方を工夫する（観察文を書き、述べ方の違いを比べ、どんな述べ方がわかりやすいか考える）。
オ　私は弁護します（小説の登場人物などの行動について弁護する。ディベート形式にしてもよい）。

練習単元というといかにも固いが、これにゲームの要素を加えて行うと楽しい活動にもなる。たとえば、七つのヒントで答えを当てさせる「七つの扉」といった〈もの当てゲーム〉は、ものの特徴を的確にとらえる力や定義づけをする力を育てるのに有効である。

(3) 教材単元＝読み物単元

国語科の単元として、小学校教科書の単元を初めとして、ごく一般的な単元である。しかし、教科書教材中心の単元は、単元とは名ばかりで、ややもすると、教師の用意した学習内容をこなすだけの学習になりがちである。それは、児童・生徒のその教材とのかかわりが顧みられないからである。児童・生徒のその教材に対する関心を活動のバネにするためには、たとえば次のような視点を設定する必要がある。

ア　書かれていることがらを読み取り、筆者はどんな組み立てで書こうとしていたか考えてみよう（説明・論説の場合）。

イ　人物の言動をとらえ、その生き方について考えよう（近代小説の場合）。

ウ　作者（筆者）のものの見方や考え方について考えよう（評論・随筆・あるいは小説などの場合）。

エ　作者（筆者）の述べ方の特徴をとらえ、そこからどんなことがわかるか考えよう（評論や文学的文章の場合）。

オ　ことば遣い（レトリック）の特徴をとらえ、その効果について考えよう（評論や文学的文章の場合）。

要するに、教材の読みの学習を教師の発問に答えるだけの学習にしないよう、また端的に言うなら、学習参考書の二番せんじなどにならないようにしたうえで、一人の読者である児童・生徒の読みと彼の追究活動を大事にするなら、教材を中心とするものであっても、その学習は単元学習となるのである。

(4)　話題単元＝総合単元

一つの話題（あるいは主題・問題）を中心に、それを明らかにするために、複数教材を用いて、情報収集・活用の活動や討論活動、あるいは発表活動など、言語活動を総合的に組織するなら、それはダイナミックな単元学習となる。これについては、章を改めて検討することにしたい。

5　総合単元学習

「総合単元学習」ということばは、これまで特に概念規定されることもなく一般的に使われていたが、これを一つの学習のあり方としてはっきりとうちだしたのは神戸大学附属住吉小・中学校（浜本純逸校長）である。前述したように、単元学習が本来、生活的経験のまとまりを学習活動の単位とするものだとするなら、この総合単元学習がもっともそれに近いと言えよう。

総合単元の核は、活動目標である。活動目標は、話題（主題・問題）と活動とによって構成される。

〈例〉活動目標―広告文について調べ、研究発表をする。

- 話題―広告（を調べる）
  - ・町に出て収集
- 活動
  - ①方法
    - ・参考文献を使って考察
    - ・レジュメを作成
  - ②めあて
    - ・研究発表をする

聞く・話す・読む・書くの言語活動は、「何かを知りたい」「何かを知らせたい」という欲求に支えられて成立する。その時、主体の意識の対象となり、活動の内的な契機となるのが、「何か」という話題に対する興味・関心である。したがって、児童・生徒の興味や関心をひくような話題を中心に言語活動を触発するなら、児童・生徒の活動を自然な形で意欲的・主体的なものにすることができる。そこで、児童・生徒の興味や関心をひき、しかも、それを追究することに価値のあるような話題にはどんなものがあるか、また、その話題に対する児童・生徒の好奇心や課題意識を触発するにはどうしたらよいか、あるいはどのような場（シチュエーション）を設定したらよいかが問題となる。総合単元は、以上のような点で、話題単元であり、総合的な問題（課題）追究単元である。

さらに、言語活動を触発するものに、活動そのものへの欲求（興味・関心や必要感）がある。たとえば、「何かをめぐってディスカッションをしたい」「意見発表会を開催したい」「外国の人への学区の案内書を作りたい」といった活動への欲求が、それをめあてとした活動を起こすのである。しかも、その最終のめあてに達するまでのプロセスとしての活動も、活動への意欲を引き出すものとなる。

なお、話題（主題・問題）を追究していく過程では、さまざまな資料（教材）とその処理活動が必要となる。資料の中には話しことばもあれば書きことばもあり、その処理のためにはさまざまな言語活動が必要となる。つまり、総合単元は、ある話題を中心とした複数教材による多様な活動として組織されるのである。

以上、活動の核となる活動目標（話題と活動）について述べたが、児童・生徒が活動（問題追究・目標達成）の主体として取り組み、多様な資料を使い、多様な言語活動を組織するのは、そのような活動によって養われる言語能力に、国語科の学習内容として意味があるからである。すなわち、総合単元学習は、たんなる手段ではなく、目標追究や情報活用、あるいは相互啓発などを学習内容とする教育の方法なのである。

話題と活動、そのための教材を設定し、学習内容として言語能力を明確にすれば、それで総合単元学習が成立するというものではない。学習主体である児童・生徒が、好奇心や問題意識をめざめさせ、活動目標を自分のものと意識してその活動と取り組むことが、学習内容を習得する（学習目標を達成する）鍵である。

最後に、以上述べてきた総合単元学習の構成要素を整理しておくことにする。

総合単元学習の構成要素

A　言語能力（総合単元の学習内容＝学習目標）

①〈理解領域〉 ア　問題発見・課題設定の能力	問題を発見し、解決すべき課題を設定する。さらに、解決のための方法を考え、追究計画をたてる。
イ　情報の収集・整理の能力	情報を収集し、比較・評価して整理し、再構成・再生産できるように蓄積する。
ウ　認識の形成・拡充の能力	さまざまなものの見方・考え方・感じ方を理解し、発想を広げ、思考を深める（特に、〈読み〉だけではなく、学級集団における相互理解・相互啓発が重要である）。
②〈表現領域〉 ア　情報生産の能力	収集した情報を活用して、再構成し、必要に応じて、価値ある情報として再生産する。
イ　言語による発表・報告の能力	場や必要に応じ、立場を明確にして適切な方法で発表・報告する。

B　言語活動（総合単元を構成する学習活動）

情報の収集・整理	①　文献探索——単行本（事典）、新聞・雑誌、パンフレットなどを調べる。	読みの領域
	②　インタビュー・聞き書きをする。 ③　話し合いで情報交換・共同思考をする。	聞く・話すの領域

情報の生産	④報告・発表をする。発表会・討論会を開く。 ⑤メモをする（記録を残す）。聞き書きをする。 ⑥レポート・意見文・論説文をまとめる。 ⑦本（私家版）・絵本・文集（個人・学級）・アンソロジーなどを作る。 書くの領域

C　話題（総合単元の核となる話題・主題・問題）

①〈ことば〉（この話題は、前記の「言語単元」の場合の学習内容でもある。）

ア　ことば遣い……若者のことば遣い、ことばの使い分け、語感の違い、おもしろい比喩表現

イ　言語生活……読書生活、挨拶のいろいろ、敬語、方言、外来語、流行語、ことばの乱れ、好きなことば、人を傷つけることば

ウ　言語文化……ことわざ、名言、コピー、広告文、ものの名、ことばの由来、仕事のことば、伝承、となえことば、ことば遊び（技法の研究）

②〈ひと〉

ア　自分……自分史、私が生まれた日

イ　関係……友達、けんか

ウ　人物……（キャラクター研究）民話の主人公、漫画に見る人物像、童話に登場する人々、世界の少年少女たち

エ　人間観……いろいろな人物像、人物像の変容、英雄像について考える

③〈くらし〉

ア　生活……働く人々、世界の食生活、食文化の変遷

イ　風俗習慣……風土とことば、言語習慣

ウ　遊び………子どもの遊び、草を使った遊び、手作りおもちゃ

④〈学校〉

ア　紹介……学級紹介、学校紹介

イ　行事……文化祭に向けて、修学旅行、クラス雑誌を作る

ウ　記録……私たちの一年

⑤〈伝統〉

ア　言語文化……民話（世界の民話）、笑い話、迷信、言い伝えを探る

イ　古典………昔の人のものの見方、「徒然草」のおもしろさ、日本の妖怪話

ウ　歴史………童話に見る児童の生活史、女性史（解放の歴史）、道の歴史

⑥〈文化〉

ア　芸能・芸術……口上のおもしろさ、民謡、民芸、祭、歌謡曲、挿し絵、漫画のおもしろさ、テレビの主人公

イ　スポーツ……相撲の歴史、スポーツのルール

ウ　産業………乗り物の発達、各地のお土産（中身と名づけ）、民芸品

⑦〈現代社会〉

ア　社会事象……ニュース記事を読む、新聞見出しの研究、この一年の出来事

イ　社会問題……国際化社会、異文化体験、人権問題（言語差別）、環境問題（自然保護）

⑧〈自然〉

ア　観察………花便り、花新聞、季節をとらえることば

イ　文化………花の名調べ、詩歌に描かれた花、花の歌

ウ　自然観……日本人の季節感、詩歌の中の自然、宮沢賢治の自然観

⑨〈郷土〉

ア　文化……郷土の文学、郷土の民話、郷土の芸能

イ　生活……一年の暮らし、郷土の食べ物、郷土の産物

ウ　風土……郷土の風土と生活、町の歴史

おわりに

単元学習は、児童・生徒の現実に根ざし、彼らの興味・関心をよびおこすために有効な方法である。しかし、単元学習は、単なる学習方法ではない。それは、何を学習内容とするか、何を国語学力と見るかの問い直しとともにある。その点で、今日求められている単元学習は、新しい学力観の確立をも求めるものであり、単元学習の構想は、具体的な言語活動の設計を通して、国語の学力とその構造とを明らかにするものでなければならない。

新しい学習方法は、常に新しい学力観、ひいては新しい教育観とともにあった。それは歴史的事実である。戦前の生活綴方、戦後の問題意識喚起や状況認識、あるいは一読総合法……など、それらは、新しい教育のあり方を模索するところに生まれた実践であった。それらの間に、対立や齟齬があったかもしれないが、長い目で見るなら、教育観の問い直しは、新しい教育の可能性をひらいてきたのである。そして今、単元学習が、国際化社会や情報化社会などの進展にともなう異文化理解力や自己学習力の育成など、教育に対する社会的要請を背景に、そのような能力を習得する上での一つのセオリーとしてクローズアップされてきているのである。これからの単元学習は、たとえばアメリカのホール・ランゲージ運動や、日本の総合学習の動きを視野に入れつつ、そこにどのような教育の可能性を見ようとするのか、どのような言語能力を国語学力としてみようとするのかの問いとともに、そのあり方が追究されていかなければならない。

七　単元学習の課題――追究活動の起点としての〈読み〉の問題

1　単元学習の展開

(1)　単元学習の契機

単元学習の契機は、他者との出会いにある。他者との出会いがきっかけとなって、一連の多元的な言語活動が始まるのである。

他者とは、主体に対する客体として、主観の枠組みの外にあり、それとの出会いが、主体に新たな世界をひらくもの・ことである。その他者としてのもの・こととの出会いが、主体の外界に対する好奇心やものの見方を刺激し、問題意識あるいは課題意識を触発して、追究活動を引き起こす。そのような他者との出会いをきっかけとして引き起こされる追究の過程を、一まとまりの学習活動として組織するところに成立するのが単元学習である。

単元学習は、他者としてのもの・こととの出会いによってひらかれた課題追究活動を柱として展開する。したがって、どのようなもの・こととどのような出会いをするか、そして、そこでどのような問題意識あるいは課題意識を持つかが、追究としての単元学習の展開を方向づけるのである。

(2)　単元学習の起点

単元学習の起点となるもの・こととの出会いは、それを見出す目さえあれば、日常生活の至る所にある。ものを見る目がしっかりしていて、好奇心や問題意識が旺盛ならば、ややもすれば見過ごされがちなもの・ことの中にでも、追究に値する課題を見出すことができるだろう。そのためには、学習者自身がもの・ことをしっかりと見ることである。どんなに価値ある課題でも、教師がそれを与え、児童・生徒がそれに答えるだけの受動的活動では、追究としての単元学習にはならない。学習者自身が、自分の問題としてしっかりととらえるところから単元学習は始まるのである。

(3) 課題追究活動としての単元学習

追究すべき課題が意識化されたら、それを中心に、単元学習が始まる。

日本国語教育学会研究部による調査で、「総合学習型」の単元学習として分類された「A1 生活課題追究」「A2 言語課題追究」「A3 伝統文化受容」などの「課題を中心とした総合的な課題追究・解決型の単元」は、ほとんどがこれに当たると見ていいだろう。この課題追究・解決型の単元においては、何らかのもの・こととの出会いとそれを契機とする課題意識の触発が出発点になる。その上で、収集や調査・研究を含む情報処理・活用活動による課題追究活動が学習活動として設定されることになるのである。

2 単元学習の実践上の課題

(1) 単元学習と「読むこと」

単元学習の契機となる、他者との出会いとして重要なものに「読むこと(=読書)」がある。本を読むこと自体、興味・関心や問題意識に支えられた行為であるが、それを通して新しい話題・題材やものの見方・考え方と出会うところから、さらに新たな課題意識が生まれ、それを中心とした追究活動が始まるのである。

先にあげた日本国語教育学会研究部の調査でも、「読書活動に関する課題・話題」を中心とした総合学習型の単元(A4 読書生活拡充)のほか、「教科書教材の読解から発展」としての発展学習型の単元、即ち、教科書教材の学習をきっかけとした「B1 課題発見・追究学習」「B2 読書活動」

「B３　物語づくり、劇づくり・作文活動」といった単元が、単元学習全体の中でも約二割を占めるほど一般化している。これは、本や教材などの読書テキストに、読者の話題・題材に関する興味・関心や問題意識を喚起するはたらきがあることを思えば、当然のことと言えよう。

特に、前記B１の教科書教材の学習をきっかけとした「課題発見・追究活動」は、関連する話題・題材の文献・資料を読んで情報を収集・活用して、最後は、壁新聞にまとめたり、プレゼンテーションで発表したりするものである。これは、情報活用力を育てる基本的な単元であって、今後は、「読書活動の充実」という教育課題と相俟って更に開発されていくであろう。しかし、この「情報活用単元」にも、問題がないわけではない。それは、教材文との関係で、関連する情報を収集する活動は、社会科や理科などで行う情報活用活動と同じではないか、国語学習として行う単元学習の独自性はどこにあるのか、という疑問である。

(2) 教科書教材と単元学習

これまでの教科書教材の扱いは、一応の読解が終わればそれでよしとするものであった。それに対して、単元学習は、学習活動の契機を、身近な生活や文化など、教科書の外に求めた。そして、ある話題・題材への興味・関心が高まったところで、教科書教材との出会いを設定しようとした。教科書教材が先にあるのではなく、学習者の興味・関心が先にあって、その上で、教材との出会いをさせようというのである。

確かに学習者の側から見るなら、教科書教材は与えられた教材である。教科書教材をも文献・資料と見るなら、それを読む前に、話題あるいは問題に対する学習者の興味・関心がなければならないであろう。したがって、与えられる学習材の前に、学習者の課題意識をかき立てておかなければならない。

これは、これまで単元学習のセオリーであった。

改めて言うまでもないが、そのような、ある課題をもって、それを解決するために必要な情報を収集する読みは、もちろん重要である。しかし、読書材は、それ自体、読者の興味・関心を刺激し、問題意識を触発するはたらきを持っている。読者は、読みを通して新しい知識・情報を手に入れるが、同時に、課題の存在に気づき、ものの見方や考え方に目を開いていくのである。

情報は、主体にとって、課題解決に利用するものだが、その前に、それ自体、未知なる世界（＝他者）の存在に目を開かせ、課題意識を触発するものとして存在する。課題解決のために情報を収集するのも読みだが、未知なる他者と出会い、課題意識を触発するのも読みである。（共に情報テキストの読みであって、その一つは課題解決のための「手段としての情報収集の読み」であり、もう一つはものの見方に目を開き、課題意識を触発する「他者との出会いとしての読み」である。）

教科書の読解教材は、その視点から、単元学習の中に位置づけられなければならない。即ち、ある課題を解決するために教科書教材を活用するということ（情報収集の読み）もあれば、課題意識を目覚めさせるために教科書教材と出会わせるということ（他者との出会いの読み）もあっていいだろう。どちらにしても単元学習の成否の鍵は読むことにある。読むことは、それ自体、追究活動であり、同時に、新しい追究活動の起点となるのである。

特に、知識基盤社会といわれる時代を迎えて、私たちは、読書を含むすべての情報受容活動を、知的活動の原点とすることが求められている。知識社会においては、すべては、情報受容から始まるのだ。

(3) 情報の読みと単元学習

文献探索・資料収集などの活動は、国語科だけでなく、社会科や理科においても、学習の柱となる重要な活動である。しかし、必要な情報を収集する読みは、ややもすると書いてあることがらだけを取り出す「ことがら読み」になりかねないところがある。しかし、情報テキストの読みは、決して「ことがら読み」ではない。それは、読者のある目的や必要のもとに、ことがら（データ）を価値づけし、それを有用な情報として取り出す読みだからである。したがって、「情報収集」の読みをしっかりやらせるには、目的と必要に応じるという視点を大事にしなければならない。

しかし、国語科における読みの学習は、そこにとどまるものであってはならない。求められるべきは、前記したもう一つの情報テキストの読み、すなわち「他者との出会い」の読みである。

この場合、「他者」とは、読者にとっては、既知の枠組みの外の存在であり、未知なる世界に目を開かせてくれるものの見方そのものである。そのような「他者との出会い」としての読みは、情報テキストを支えている論理やものの見方の読みであって、テキストの上にそれを探り、それと出会って、自らの内に新しいものの見方を生み出していく、その点ではきわめて創造的な読みである。

(4) 活動本位と読みの空洞化

単元的な追究活動を起動し、単元学習の契機となるのは、単なるめずらしいことがら（データ）をとらえるだけの読みではない。つまり、題材のおもしろさへの興味だけでは、読者は、その情報テキストだけで満足し、そこで読みは完結してしまうだろう。未知なる世界が広がっていなければ、追究としての読みは、起動しないのである。

そこで、最近、読んだ本を紹介することを目当てとした読解学習や、本の帯作りや宣伝広告文（ポップ）作り、紙芝居作りなどのための読解学習など、あとの活動への展開を予定しておくことで、学習へのモチベーションを高めようとすることがはやっている。しかし、そのような「……ためにする」読みも、結局は「ことがら読み」の次元にとどまってしまい、ことがらを取り出して、そこに情報価値を見いだす「情報収集の読み」にも、情報として加工する「情報活用の読み」にもならないだろう。そもそも、まだ読んでもおらず、そのおもしろさも知らないのに、あとの活動を設定することで学習への興味・関心や意欲を高めようとするのは、読む行為そのものをスポイルすることになりかねない。

今日の「言語活動の充実」という教育課題自体は決して誤りではない。しかし、学習のモチベーションを、あとの言語活動をめあてとして設定することで高めようとするのは、読みの学習としては誤りである。（もちろん、「紙芝居を作る」「読書紹介をする」などの表現活動を活動目標とする単元もあってよい。しかし、それを本格的な読みの学習と言うことはできない。）そこでは、読みそのものが軽く見られており、学習が空洞化しているのである。

3　単元学習を支える読み

⑴　自己創造としての読み

読みの空洞化をもたらす活動本位の問題は、ひと言で言うと、何らかの活動のために、述べられていることがらを読み取るだけの「ことがら読み」にある。たとえ、文章構成を表面的におさえても、ことがらを読み取るだけでは、「他者との出会い」としての読みが成立しているとは言えない。素材であることがらを情報として取り出すだけが情報の読みではないのだ。

説明的文章をテキストとして、そこから読み取らなければならないのは、一つはそこに提供された情報であるが、さらに重要なのは、その情報が何を意味しているかである。言い換えると、その情報は、どのようなものの見方・考え方の上に成り立ったものであるか（その情報を支えているのは、どのようなものの見方・考え方であるか）である。

情報発信のメカニズムを表す概念装置として、「発信者」（あるいは「筆者」）というタームを使うなら、情報テキストの上に読むべきは、筆者が意識的に言いたかったことの「意図」でもない。それは、言うならば筆者の「隠れた意図」とでもいうべきものであって、筆者自身も意識していなかったかもしれない、情報発信の根底にあるものの見方・考え方である。

もちろん、この場合の「筆者」とは、実在の書き手ではなく、テキストを読み解く上での作業仮説としての筆者であり、テキストの上に想定されうる筆者である。情報テキストの場合、読者は、仮説としての筆者を問うことで、情報の根底にあるものの見方・考え方を明らかにするのである。「情報の根底にある」ものとは、素材であることがらを情報たらしめているものである。即ち、仮説としての筆者を想定し、素材であることがらを情報たらしめているものの見方・考え方を問うことは、筆者の意識を超えて存在する「隠れた意図」あるいは「隠れた筆者」を明らかにすることである。そこに、情報テキストの読みにおける「他者との出会い」が成立する。読者は、テキストの上に他者なる筆者と出会い、他者なる筆者の視点を自分のものにするのである。それが情報の読みにおける自己創造の過程である。

(2) 起点としての情報テキストの読み

読者は、情報テキストの上に、「隠れた筆者」と出会い、そのものの見方・考え方をとらえる。自ら想定したその他者なる筆者の視点に立ち、その視点で外界の事物を見る。即ち、読者は、筆者と視点を共有し、その目で問題を発見するとともに、その見方をふり返り、批評し、評価する。情報テキストの読みは、「隠れた意図」をとらえ、その視点に立つとともに、それをも批評・評価するといった、自己創造・自己革新の過程として成立するのである。

前にも述べたが、読むという行為自体、単に情報受信活動ではなく、読者にとっては主観の枠組みを超えた新しい世界（＝他者）との出会いである。しかも、その出会いは、読者の内に新たな視点を形成し、その視点に立つ課題追究活動や、更なる発展読書活動を起動する。したがって、その読みが、「他者との出会い」として充実しているならば、読むことを起点とした課題追究の単元学習や発展読書の単元学習が、幅広く実践されることになるのである。

読みの成立を軽く見てはいけない。読みそのものの価値をもっと大事にしなければならない。読解学習自体を言語活動として充実させなければならないのだ。それは、読みを、自己創造の過程として、そして未知なる世界との出会い（＝「他者との出会い」）として、成立させるということである。読みが「他者との出会い」として成立した時、その読みは、単元学習の契機となるのである。

(3) 倉澤栄吉の読みの理論と新単元学習

読解のあり方を問うて、情報を収集・活用するだけの社会科や理科の単元学習とは違う、国語科独自の単元学習のあり方を追究したのは、倉澤栄吉であった。即ち、倉澤は、情報と情報生産者の意図との関係の読みを柱とする学習を「新単元学習」と名づけて、情報化時代の新しい国語単元学習を提唱したのである。次に、倉澤の新単元主義の根拠となった情報読みの理論について見ておこう。

倉澤は「文章というものについて子どもが何らかのイメージをもつ。教材というのは、そういうイメージが実態なのではなかろうか」という読書教材観を示した上で、読みには「記号のレベル（sign）と意味のレベル（meaning）と意図のレベル（message）」があるとし、次のように言う。

（略）読解は記号にもどればそれでよかったのですが、この意図のレベルは、いってみれば抽象的な存在ですから、そこで、このレベルの中に何がよりどころになっているかというと、それがイメージですね。こういうことがあって、イメージをいろいろ置き換えたり、変容したりして、頭の中でわれわれは考えていく。そういうことが新しい読みです。

（略）

意味体系、これを情報と言うなら、自然科学的情報とか、社会科学的情報とか、そういう情報というものを核として単元を編成しますと、社会科の単元になったり、理科の単元になったりするわけです。そういう社会科や理科の単元はごめんだというので、では意味と記号の間を大事にするということになると、これは読解単元になってしまって読書単元にならない。読書単元にするためにはこのような意味体系そのものが問題なのではなくて、その意味体系と意図というものとの関係をどのようにわれわれがイメージとして操作するのかということが必要であり、またそれが読書力なのだと、こういう前提がないと新単元にはなりません。

ここで倉澤が述べたことを約言すると、読み取った意味だけを問題にするのは社会科や理科であり、意味と記号との関係を問題にするのは読解指導であって、情報読書は意味とメッセージとの関係を問題にしなければならない。即ち、読者の情報反応としてのイメージの問題として、情報と発信者の意図との関係を問い、イメージを生成・変容していくのが情報の読みであって、それに基づいて成立するのが新単元学習だというのである。

以上のような情報読みの理論を基盤とする倉澤の新単元主義の提唱は、国語科が責任を持つべき情報テキストの読みの重要性と、それを柱とする単元学習のあり方とを示したものとして受けとめなければならない。倉澤は、文部省が昭和二九（一九五四）年に発表した『単元学習の理解のために』の示す単元学習が社会科や理科になってしまうことを危惧していたが、情報読みの理論を自ら見いだすことにより、国語科独自の単元学習のあり方を新単元主義として明確にすることができたのだった。

この倉澤の読みの理論で重要なのは、意味（＝情報）とメッセージとの関係を、読者の内なるイメージの上に問うところに読みが成立するとしたところである。すなわち、外なるテキストは、読者の内にイメージとして成立するが、そのイメージの上に情報とそれを産出した生産者の意図とを問うのが情報の読みだというのである。課題追究の単元学習の契機は、倉澤の読みの理論で言うなら、読者の内にイメージとして創出されるメッセージ（発信者の意図）にある。もちろん、社会科や理科と同じように、意味（即ち、記号の指示内容としての情報）にもあるのは事実である。しかし、読者の意識を刺激し、目覚めさせるのは、読者の内側にイメージとして形成される、情報を伝えるものの見方（発想）や論理である。

読みは、読者を目覚めさせる。それは、読者が自ら他者を求め、他者の論理に目を開かされるからである。その時、読者の内側から、読者の意識を突き動かすのは、倉澤の言う「イメージ」である。ものの見方に関わる内なるイメージの生成が、読者の課題意識を触発し、それが単元的な追究活動の契機となるのである。

4 問題・課題追究を起動する〈読み〉

(1) 説明文（情報テキスト）の読み

情報テキストの指示内容としてのことがらを情報として取り出すだけであっても、言語記号としてのテキストの構造や表現上の特質などをおさえて、できるだけ正確な読み取りをしなければならない。これは国語科としては当然のことである。しかし、情報の読みとしてさらに必要なのは、個々のことがらを関係づけ、一つのまとまった情報として生み出したものの見方・考え方の読みである。具体例に即して見ていこう。

(2) 情報読みの例

教材「アーチ橋の進歩」（教育出版・小四）の場合

（前置き）アーチ橋とは

（1）アーチの重いものを支える性質

　板目紙を使った実験

（2）アーチの性質を生かした橋

ア　アーチ橋をかける方法

イ　アーチ橋の進歩

（まとめ）アーチ橋の性質を生かした利用

まず、この教材文の素材だけに注目すると、アーチの性質とアーチ橋の進歩を取り上げた文章と見ることができ、そこから橋のいろいろの調べ読みに発展してもいいだろう。しかし、これでは、社会科や理科の調べ読みと違わない。そこで、文章の構成に着目して、アーチの性質とアーチを利用した橋の進歩の二つについて読み取るという学習が考えられる。その場合は、そこからさらに現代のアーチ橋を調べるという方向に発展するのではないだろうか。これは、文章の展開をおさえた、国語科らしい読解指導とは言えるだろう。しかしこれでは、文章の構成に即して、情報を正確に取り出すだけで完結する読解指導の域を出ないのである。

説明的文章を対象とする、さらに本格的な情報の読みは、情報を支えているものの見方・考え方の読みである。すなわち、この文章は、まず、アーチの性質を実験によって明らかにした上で、具体的な事例について述べているのであるが、情報テキストの読みとしては、そのような文章の展開は何を意味しているか、そこからどのようなことがわかるかをとらえなければならない。それを具体的な問いの形にすると、「この文章は、アーチ橋の進歩に関し、どのようなものの見方・考え方に支えられているか」を問うことになる。さらにわかりやすくするなら、筆者を想定して、「アーチ橋の進歩に関する情報を、筆者はどのような思いで取り上げているのか（あるいは、情報発信の根底にあるのは、どのようなものの見方・考え方か）」として、情報産出の原点を筆者のものの見方・考え方の問題として問うてもいいだろう。そのような視点で、このテキストを読み直すと、筆者は、アーチのはたらきに着目し、その視点から個々の事象を取り上げていることがわかる。すなわち、個々のことがらを貫き、それらを情報として意味あるものにしているのは、昔の人が発見したアーチのはたらきへの思いである。ということは、それが、アーチ橋の進歩に関する情報を支えているものの見方・考え方だということである。アーチの性質の発見、さらにはそのはたらきの大きさへの思いが、アーチ橋の進歩を情報として語ることの原点にあると言っていいだろう。

「アーチ橋の進歩」を読むことで、読者は、アーチのはたらきの大きさに目を開かされ、筆者と視点を共有する。即ち、アーチのはたらきを見る視点に立った時、読者は筆者とものの見方・考え方を共有すると共に橋を支えるアーチのはたらきへの問題意識を呼び覚まされるのである。具体的に言うと、それは、筆者とともにアーチのはたらきに視点を置いてみることで、読者にもさまざまなものに使われているアーチが見えてくるということである。そこから、読者の内に、さまざまなところに使われているアーチを見てみよう、さらにはアーチ以外に建造物を支えるものにはどのようなものがあるかを調べてみようという追究の意識がはたらき始める。そこに、課題の発見・追究としての単元学習の契機がある。

5　終わりに――単元学習の課題

本稿では、教科書教材の扱いを視野に入れて、単元学習の起点となる説明的文章（情報テキスト）の読みのあり方について考察を加えた。情報の読みは、他者との出会いとして、課題の発見・追究活動を起動する。したがって、読みの教材は、起動教材として追究活動を触発する起動力のあるものでなければならない。

起動力のある教材の読みが、単元的な追究活動の起点となる。そのためには、未知なるものの見方・考え方との出会いを通して、読者の目を開かせ、課題意識を触発する起動教材の発掘・設定が、まずは実践的な課題だと言えよう。

八　教材単元の成立――文学の〈読み〉

1　「一教材一単元」の成立――「一教材一単元」は、追究過程として成立する

課題を中心に、その追究活動を学習活動とするのが単元学習である。――とするなら、一教材を読むことの学習も、課題追究の単元学習として成立させることができる。即ち、「問い」を掘り起こし、その追究活動を柱として展開し、最後に、一つの意味を創出することで完結するなら、その「読むこと」の学習は、まさに一教材一単元の「教材単元」である。

昭和二九（一九五四）年に出された文部省『単元学習の理解のために』は、経験単元と教材単元とを認めているが、しかし、何が単元かの認識はきわめて曖昧であって、特に一教材の学習がなぜ単元学習になるのかについては、きわめて曖昧、と言うよりはほとんど認識不足と言っていいぐらいである。それは、教材というものを、知識や方法を教授するテキストのようなものとして見ているからだと思われる。しかし、国語の教科書は、言語活動を触発し、それを通して言語力を習得させようとするものである。言うならば言語活動の仲立ちをする媒材としての性格の強いものである。したがって、国語科の場合、教科書による学習で重要なことは、それを仲立ちとして（つまりは読むことを中心に）、学習者が充実した言語活動を実践しているか否かである。教材の読みを中心とした学習が、単元学習になるか否かは、そこに課題追究を柱として、生産的な価値ある活動が成立しているか否かである。即ち、教材文を仲立ちとして、そこに、価値ある意味世界生成の創造的な活動が成立し、そのことが言語能力の向上につながっているなら、教材文の読みを柱とした活動は、「一教材一単元」の単元学習なのである。

繰り返すが、「一教材一単元」の読みの活動を貫き、単元学習を成立させているのは、課題意識である。学び手の内からの「問い」の意識が、追究としての学びを支え、単元学習を貫いて、その活動を充

実したものにするのである。読むことの単元学習は、「問い」を追究の柱とした〈読み〉の成立とともにあるということを、まずはしっかりと確認しておきたい。

付記　その点で、昭和二九年の『単元学習の理解のために』は、「経験単元」と「教材単元」との両者を認めることで当時の混乱を整理はしたが、単元学習というものの本質、特に「教材単元」の性格を正当に理解したものにはなっていなかったように思われる。

2　文学教材の〈読み〉の単元学習──文学の読みは、単元学習になるか

文学テキストと関わって、「問い」を触発し、解釈作業によってそれを追究して、新しい意味世界を創出する──それが、文学教材をテキストとした創造的な〈読み〉である。そして、教室におけるそのような創造的な〈読み〉の成立を目指すのが、「読むこと」の単元学習である。

言い方を換えよう。文学教材を読むことで生まれた読者としての「想《おも》い」を〈問い〉の形で意識化し、それを追究することで、一つの意味世界が生成されるなら、その一連の追究活動は単元的であって、それを通して〈読み〉の力がつくなら、それはまさに単元学習である。

ところが、文学教材の「読むこと」の学習は、単元学習にはならない、あるいはなりにくいと言われる。それは、なぜか。おそらくそれは、物語文を教材とした学習が、解釈学的、あるいは、文章分析的な読解作業に終始することになりがちだからではないだろうか。いや、それならまだいいが、読解が、登場人物の心情や言動のわけの主観的な分析作業や理屈づけで、正解があるかないかを論議の対象にしつつ、要するに主観の交流に陥っている授業が多いからではないだろうか。問題の発見から追究の一貫した過程的行為のないところに、単元学習は成立しようがないのである。

なお、物語教材を、ある一つの活動目標のために読むといった活動（かつて言われた「単元を貫く言語活動」）について、一言付言しておきたい。例えば、物語文を教材として、それを劇にしたり、紙芝

居にしたり、また本の帯作りをしたり、リーフレット作りをしたり……といった、ある目的を設定しての学習活動の一まとまりを単元にするといったことも、言語活動としては十分にあり得るし、また決して悪くはないかもしれない。しかし、その活動は、決して文学の読みそのものの学習ではない。文学の読みの単元学習は、何かのために読むのではなく、読むという行為自体の充実を図るものでなければならない。まず、教材（テキスト）自体を、しっかりと読むこと、即ち、声に出して読んだり、問題に思うことについて十分考えたりして、まずは一人の読者として、作品のおもしろさを明確にとらえることがなければならない。そのためには、発展的な活動の前提として、読むという行為自体が、「問い」を柱とした意味の追究過程として成立していなければならない。つまり、「読むこと」が、読者にとって、価値ある意味世界の生成活動として成立していなければならないのである。

繰り返す。文学を読むことの単元学習は、課題の追究を柱とした一つの意味世界の成立とともにある。そこに、「問い」を核にして、どのような解釈活動が起動し、そこにどのような「意味の読み」が成立したか。その活動の主体性が、単元学習としての〈読み〉の内実を支えているのである。

3 「読むこと」における「問い」——どのようにして「問い」は意識化されるか

読むことの学習においては、「問い」を追究することで〈読み〉は深まるが、その前に、「問い」を立てること自体、読むことであり、そしてそれは学習内容でもある。つまり、教師によって出された「問い」に答えるのが学習ではなく、自ら「問い」を発見すること、あるいは意識化することから学習は始まるのである。では、そのような問いは、読者の内にどのようにして生まれ、どのようにして追究すべき課題として立ち上がるのだろうか。

物語文の場合、「問い」は、テキストに対する読者の理知的な働きかけとして意識化されるのだが、その起因は、物語内容に対する読者としての情動的な反応にある。即ち、「問い」は、ストーリーの展開に沿って、主として登場人物の言動や心情、あるいは出来事などのエピソードに即し、特に読者の心に残るような印象点を中心に生まれる。その読者としての情動的な反応が、知的な「問い」の生まれるきっかけとなる。具体的に言うと「問い」は、読者としての心に残った表現を意識の対象とした時、心のこだわりとして意識されると言っていいだろう。

心に残る表現＝印象点とは、読者として「おもしろい」「悲しい」「くやしい」「いいなあ」、あるいは「果たしてそれでいいのだろうか」「それではだめだなあ」などと、特に、心に響いたり、感じたりする表現である。そして、そのような情意的な反応に対する「そう感じるのはどうしてだろう＝それはなぜだろう?」「それはどういうことなのだろうか?」「それは、何を意味しているのだろうか?」などといった、知的な反応が「問い」である。

繰り返す。「問い」は、物語内容に対する読者の共感や反発、同情や疑問などの、情意的な反応をベースとして生まれる。読者が、その内なる情意的反応を意識化して（即ち、意識の対象として）、その意味を問うところに「問い」が生まれる。そして、その「問い」を追究することで、テキストに対する解釈が生まれ、「意味の読み」が成立するのである。

学習問題としての「問い」は、テキストに対する意識的な理屈づけからいくらでもひねり出すことはできようが、しかし、読書行為としての価値ある「問い」は、物語内容に対する読者の素直な受け止めに根ざしたものでなければならない。そのためには、読んでいて、読者として素直に感じたこと、心に残っていることなど、要するに、感性的、心情的な反応を振り返り、言うならば、内なる思いを自己対象化し、それを知的な「問い」の形にして、自ら意識化するのである。

補説 実践の中から「筆者想定法」を見出し、倉澤栄吉とともに、その実践的追究を深めた野田弘も『問題創造の学習過程』（一九六八）の中で（説明文領域のことではあるが）、「問題発見の過程は、児童の情動から生まれる。それを、意識的にとらえるために問題をつくらせる」と言い、また、「学習は新しい事態に直面した時に反応する構えであるから、その反応の最初のあらわれとして、児童の疑問・ちゅうちょ・当惑・心的困難の状態にあるはずである。学習は、それをもとに組織しなければならない。」と言っている。

4　読み進む過程での「問い」――文脈をたどる中での反応

物語内容に対する共感や反発などの心情的な反応をベースとして、それを知的反応に置き換え、心情的反応をもたらしたものは何だったのかを問う。そこに、物語内容に対する「意味の読み」が成立する。

「問い」の創出のきっかけとなる読者の反応は、テキストを読み進む過程で、文脈に沿いながら、印象に残るような表現に即して絶えず触発される。ということは、特に意識はされないにしても、読み進む過程で、「問い」は絶えず生み出され、文脈に沿って「意味の読み」が絶えず行われるということである。そのことを、小学校四学年の教材「ごんぎつね」を例に、具体的に検討してみよう。

〈教材文〉

ごんは、物置のそばをはなれて、向こうへ行きかけますと、どこかで、いわしを売る声がします。

「いわしの安売りだあい。生きのいい、いわしだあい。」

ごんは、その、いせいのいい声のする方へ走っていきました。と、弥助のおかみさんが、うら戸口から、

「いわしをおくれ」

と言いました。いわし売りは、いわしのかごを積んだ車を道ばたに置いて、ぴかぴか光るいわしを両手でつかんで、弥助のうちの中へ持って入りました。ごんは、そのすきまに、かごの中から五、六ぴきのいわしをつかみ出して、もと来た方へかけだしました。そして、兵十のうちのうら口から、うち

の中へいわしを投げこんで、あなへ向かってかけもどりました。とちゅうの坂の上でふり返ってみますと、兵十がまだ、いどの所でむぎをといでいるのが小さく見えました。

　ごんは、うなぎのつぐないに、まず一つ、いいことをしたと思いました。


物語の展開を追いながら読んでいて、特に心に残る表現（印象点）は、次のところであろう。
ア　ごんは、そのすきまに、かごの中から五、六ぴきのいわしをつかみ出して……
イ　兵十のうちのうら口から、うちの中へいわしを投げこんで、……
ウ　ごんは、うなぎのつぐないに、まず一つ、いいことをしたと思いました。
　読者は、ここまで物語の展開を追って、視点人物であるごんの視点で読んできている。その読者は、ここでうなぎのつぐないをしようとしているごんの視点で、ごんのしたこと（経験）を、ごんと共有する。右に抜き出した三か所は、ごんの行動、あるいはごんの気持ちを直接的に語った箇所であって、ごんの視点で読んできた読者は、その時のごんの気持ちを読み、その行動の意味を考えさせられる。

　特にウは、いわしを盗んだことを、ごんは「いいことをした」と言っているのである。兵十のことを思ってやったこととは言え、人間からみたら、とても受け入れられるようなことではない。そのような思いを寄せるごんがいるということ自体、人間の目から見たら、受け入れがたい存在の矛盾である。だから、読者は、ごんが「うなぎのつぐないに、まず一つ、いいことをした」と思うところを読むと、「ごんは、どうしてそんなことを思うんだろう。何もわかっていないんだなあ。」と思い、何もわからないいまま、兵十のことを思って盗みをはたらいたごんを、かわいそうだ思うのである。ここには、動物と人間との同時存在の矛盾とも言うべきか、動物の世界と人間の世界との間の越えがたい隔たりが描き出されているのである。

5　物語世界の意味を問う——究極の問い

文学の〈読み〉で最も重要な「問い」は、物語の全体に関わる「問い」である。読者は、その「問い」を、物語全体の展開の上に追究する。読者にとって、それは、〈読み〉の全体を貫く「問い」となる。

読者は、〈読み〉が結末に達した時、物語の全体をふり返り、その意味を問う。読むことを通して、その時、一つの意味世界が創造されるのである。

繰り返す。物語全体の展開を対象として、その意味を問い、意味世界の創造がなされた時、〈読み〉の行為は完結する。それが、一教材一単元の単元学習が求める〈読み〉である。

物語の〈読み〉を完結に導く究極の「問い」は、まさに物語の意味を問うものである。「ごんぎつね」の場合で言うと、読み終わった後、一番心に残ったことを中心に問うと、例えば、次のような「問い」が立つであろう。

「問い」の例1

①　ごんのつぐないについて、どう考えたらいいのだろうか。

②　ごんはつぐないを続けたのに、殺されることになってしまった物語の結末について、どう考えたらいいのだろうか。

③　つぐないを続けるごんを殺してしまった兵十のことを、どう考えたらいいのだろうか。（この物語の結末について、どう考えたらいいのだろうか）

④　この物語を読んで、どんなことが一番心に残ったか。そのことには、どんな意味があるのだろうか。

以上は、主として物語の結末に関わる「問い」である。

物語の展開（プロット）をまとめる活動をして、その後で「みんなで考えてみたいこと」を問うと、例えば、次のような「問い」が出てくるだろう。

「問い」の例2

⑤この物語は、つぐないの物語なのか、それともわかり合えた物語なのか（この物語は、どんなことを描いた物語なのだろうか）。そこには、どんな意味があるのだろうか。

⑥この物語を読んで、一番考えてみたいこと（改めて考えてみたいこと）はどんなことか。それにはどんな意味があるのだろうか。

⑦この物語の結末は、何を意味しているのだろうか。それについてどう考えたらいいのか。

⑧この物語は、わかり合えた物語なのか、わかり合えない物語なのか、そこにはどんな意味があるのだろうか。

物語の全体に対する「問い」は、一つは物語の結末をとらえての「問い」であり、一つは、物語全体の展開（プロット）をとらえての「問い」ということになる。小学校の高学年になると、物語の構成（プロット）をとらえることができるようになるので、まず物語の構成をまとめるという作業を入れてから、「みんなで話し合い、考え合ってみるとしたら、それはどんなことか」というように、「問い」を設定するといいだろう。

この最後の「問い」がごく自然に出て、物語に対する感想、あるいは批評が教室で話し合えるようになることが物語の〈読み〉の指導の理想の姿だと言っていいだろう。

補記

この「ごんぎつね」という教材文の原作は、新美南吉作「権狐」であるが、その原作の最後は次のようになっている。

「おや！」兵十は権狐に眼を落しました。「権、お前だったのか……いつも栗をくれたのは……」

権狐はぐったりなったまま、うれしくなりました。兵十は、火縄銃をばったり落しました。まだ青い煙が、銃口から細く出てゐました。

参考　文献紹介　木下竹次著『学習原論』（世界教育学選集64・一九七二　明治図書）

私は、かつて『「読み」の授業研究会』の編集・阿部昇《あべのぼる》氏の、アクティブ・ラーニングを考えるための読書案内として、「私の薦めるこの一冊」の紹介をしてほしいという要請を受けて、時代は遡るが、木下竹次の『学習原論』こそ、その一冊にふさわしい歴史的遺産だと考えて、以下のように紹介したことがある。ここにそれを参考としてあげるのは、木下の「自律的学習法」が、滑川道元や国分一太郎の、書く行為を書き手にとって主体的で充実したものにすることこそが、作文力を充実したものにするという生活綴方の考え方に重なるものがあると考えるからである。

＊　＊　＊

「アクティブ・ラーニング」という用語は新しいが、それを志向した動きは、大正期以降、日本近代教育史の中軸をなすものだったと言っていいだろう。その中でも、特に注目すべきものに木下竹次の発言がある。当時、奈良女高師附小の教師だった木下は、大正一二（一九二三）年、『学習原論』を刊行した（これは、同校の教師たちと組織した学習研究会の機関誌『学習研究』（大正一一年創刊）に連載した実践的な理論を中心にまとめたものである）。ここに、その発言の要点を記すことで、今日における新しい時代の指標となった「アクティブ・ラーニング」の教育的意義と新たな国語教育の問題点とを明らかにしておきたい。

本書の「自序」において、木下竹次は、「学級的画一教育法」、あるいは教師主導の「他律的教育法」を排し、「自律的学習法」として、「独自学習から始めて相互学習に進み、さらにいっそう進んだ独自学習に帰入する組織方法」を提唱する。「自序」ではあるが、木下学習理論の帰するところは、ここで強調された「独自学習」と「相互学習」による「自律的学習法」にあると言っていいだろう。

木下は、「教育」の語ではなく、「児童の方から眺めた学習という名称を用いる」とし、その「学習」とは、「教師の教授」からではなく、児童自身の「独自学習から始める」とし、さらに「独自学習は自主独立の学習であるが、学校の独自学習は学級内のひとりとしての活動であるから各学習者は十分に協同の精神を発揮しなくてはならぬ」と言って、学級集団内の相互交流（あるいは学び合い学習）による個人の独自学習（あるいは一人学び）を充実させる学校という学習の場での学習活動のあり方を明確にしているのである。さらに、木下は、「自由と協同とが二大原則」であると言い、また「自主独立のない人の協同は外面協同に見えてもその実は付和雷同である」とも言っている。アクティブ・ラーニングにおける「自主的・協働的に学ぶ」は、木下の発言とどう重なり、どう違うのか、特に「協働」という新しい教育用語によって示唆された学習活動はどのようなものか、実践的に解明していくのはこれからである。

九　単元学習で実践する物語の授業

1　はじめに――文学の〈読み〉と単元

〈読み〉の学習は、それ自体、単元学習である。

私は、たとえ教室における学習であっても、一つの作品を文学として読む一まとまりの言語活動は、それ自体が単元学習だと考えている。なぜなら、文学を文学として読む行為自体、主体的な自己創造の行為であり、完結した言語活動として教育的意味を持つからである。

しかし、単元学習というと、一般には複数作品を教材とすると思われているし、また一教材でも、それをもとに多角的な活動を展開するものと思われている。そこで、そのような全体を視野に入れて、以下、文学の単元学習の基本について述べていくことにする。

2　単元学習とは

単元学習とは「児童・生徒の関心事を核として展開する生活的な経験のひとまとまりを、学習活動の一つの単位とする学習＝指導のあり方を言う」（拙論「単元学習の構想」）。「生活的な経験」とは、主体にとって「リアリティのある活動」と言い換えてもよい。それは、児童・生徒の興味・関心に応じて、主体的な課題追究を柱とし、情報生産や思想内容の形成など、自己の世界創造へと展開する活動である。そのような主体的な追究と自己形成とが言語活動として成立しているなら、その一連の活動が単元学習である。

3　物語単元のいろいろな展開

物語を学習材とする単元学習には、次のようなものがある。

(1)　課題設定に始まる、読書を中心に展開する単元

解決したい課題があり、その追究活動として展開する単元である。

課題には、主として、「知りたい」という文化的な知識に関わる課題と、「表現したい」という活動に関する課題とがある。

①　課題解決を目標として展開する単元

ア　主題・題材に関する課題

例　「友達関係」を描いた物語を読もう。

イ　主人公に関する課題

例　昔話には、どんな「鬼」が出てくるか知りたい。

ウ　作者に関する課題

例　宮沢賢治の作品を読もう。

エ　ジャンルに関する課題

例　日本の昔話を読もう。

オ　地域に関する課題

例　土地の昔話にはどんなものがあるか知りたい。

②　活動目標を持って展開する単元

ア　劇をしよう。

イ　朗読劇の交流会をしよう。

ウ　紙芝居を作ろう。

(2) 教材文を「読む」に始まる、読書を中心に展開する単元

教材文を起動教材として展開する単元である。教材文の〈読み〉が読者の意識を刺激し、それが起点となって発展的な読書や表現活動が展開する――といった活動形態をとるものであって、これまでも、単元を意識せずとも、ごく自然に行われてきたものである。これにも、前記(1)のように、課題解決を目標とするものと、表現活動を目標とするものとがある。

① 課題解決を目標として展開する単元

ア　主題・題材と関わって、ほかの作品に広がる〈読み〉

イ　主人公との関係で、ほかの作品に広がる〈読み〉

例　昔話には、ほかにどんな「鬼」が描かれているか知りたい。

ウ　作者への興味から、ほかの作品に広がる〈読み〉

エ　同じジャンル、同じ時代などの作品へと広がる〈読み〉

② 活動目標を持って展開する単元

ア　この物語を劇にしたい。

イ　朗読劇発表会をしよう。

ウ　紙芝居を作ろう。

エ　物語を紹介しよう。

(3) その他

・継続読書のような、読書の帯単元、あるいは読書集会のような集団読書。

・「一教材一単元」の文学の〈読み〉の学習。

4　物語単元の具体例

これまで、たくさんの物語単元が発表されているが、その中から、まず、教科書教材を起動教材として展開する単元の実践事例を紹介しよう。

【単元例1】単元名「わたしの友達」（小二）

これは「お手紙」（アーノルド＝ローベル）の〈読み〉の学習をしっかりやって、児童の関心、あるいは問題意識が「友達」のあり方に向かってきたところで、友達を題材とした物語への興味を高めるとともに、「わたしの友達」への意識を育むという実践である。学習材を起動教材として、複数作品に読書の幅を広げ、さらに物語の読みを通して子どもの心を育てるといった、一教材の読解指導の枠を超えた文学単元の典型的なあり方の一つだと言っていいだろう。（指導者は五十井美知子《いかいみちこ》氏で、日本文学協会編『講座／現代の文学教育』収載論考である）。

【単元例2】単元名「むかしばなしたんけんたいになろう」（小二）

これは、「かさこじぞう」（岩崎京子《いわさききょうこ》）の〈読み〉を起点とし、「昔話をいろいろ読んで昔話探検発表会をしよう」という趣旨で、物語の紹介活動を最終目標として展開した単元である（これは、江戸川区立平井西小学校の実践だが、以下、『月刊国語教育研究』No. 467収載の校長井上典子《いのうえのりこ》氏の論考より引用・紹介する）。

まず、「かさこじぞう」を学習材とし、「詳細な読解から焦点化の読みへの質的な転換を図」って、児童の昔話への興味を高め、それを土台として、三人グループの「昔話探検隊」を出発させる（ここまで「読むこと」の学習に六時間）。次に、グループで、友達の読んだ本を読み合い、カードに書いて、探検地図に貼り、紹介の練習をして、探検発表会を開く（ここまで、紹介活動に六時間）。さらに、探検地図を参考にして本を読み広げ、メッセージカードを貼って〈読み〉を交流し、読書の日常化を図る。

【単元例3】

課題設定から始まる文学単元として、強く印象づけられているものに、例えば、牛山恵《うしやまめぐみ》氏の「鬼の話」「現代の英雄」「太平洋戦争を調べる」や、菅野圭昭《かんのよしあき》氏の「戦争」などがある。

補説　文学の〈読み〉について

文学を教材とする以上、まず一つの文学作品として読むことをおろそかにしてはならない。前にも述べたように、それ自体が完結した言語活動であり、それを文学として読むことは、まぎれもなく一つの単元なのである。どんなに言語活動が多彩でも、文学としての〈読み〉を空洞化したところに〈読み〉の学習も、単元の学習もない。

しかし、その〈読み〉の学習自体は、問い直されなければならない。例えば、上で井上典子氏が言われるように、詳細な読解から脱却し、印象を焦点化する読みへの転換を図る必要がある。「読書へと開かれた読解」をめざす読解指導の改革がのぞまれるところである。

学び手が、生活主体としての視点に立って問題意識を触発し、学習課題を設定する。そこから、追究としての学びが始まる。

まず、学習課題を解決するために、そのための方法を工夫する。この学習者自身の内側からの欲求に突き動かされた課題追究活動は、生活主義教育の基本的な学習活動である。しかし、学びの途上にある学び手自身は、いまだと言うべきか、本来、未熟な存在と言うべきであろう。意欲さえあれば、問題をとらえて、それを追究しようとはするだろうが、しかし、すべてを子どもの自主性に任せて放置したのでは、子どもの成長を保障することはできない。どうしても、子どもには適切な教育が必要であり、それを保障する教師の存在が必要なのだ。

補説　教師へ――「必要」が求める日本語の「文化的内容」

西洋に「必要は、発明の母」という諺があるが、「必要」は新たな「問い」を生み出す母でもあるだろう。ともかく、学び手は、新たに自分の学びに必要なものは何かを問い、その意識をベースに、問いを解決していく上で、自分に必要なものは何か、その方法や知識を、先人たちが蓄積してきた文化的内容の中に求めて、それを学び取る必要があろう。それを支えるのが教師なのである。

今言った文化的内容は、私たちの先人たちが開発し蓄積してきたさまざまな知識や技術、それによって生み出された文化、さらには人間的な生活様式などをさしたものである。特に、言語活動に即して言うと、言語が生み出した詩歌や童話・小説・物語など、古典から現代の文学に至るまでの豊かな言語文化に触れて、人間としての優しく豊かなこころ（心情）を養うことを忘れてはなるまい。そして、同時に大事なのは、言語運用に関する研究の成果としての文法や語彙、さらにはレトリックなどの、日本語に関する知識であり、それらを有効に使いこなすための技術である。

グローバリゼーションが現実の問題となってきている今日、大事なのは、日本語による豊かな言語文化であり、また母語に関する基礎的な知識である。教師自身、日本の言語文化に関する豊かな素養と、日本語に関する語彙論的・文法論的な言語的知識・技術を、しっかりと身につけておく必要があろう。さらに言うと、言語を有効に使いこなすために求められる文化的内容としてのＡＩに関する知識・技術も、これからの時代、言語活動との関係で、大事になってくるだろう。教師は、学びに必要なＡＩの技術として、どのようなものがあるかを明確にしておく必要がある。

今日、小学校の時代から、子どもが言語文化に親しむには、教師のはたらきかけがどうしても必要ではないだろうか。読み聞かせでもいいから、教師は子どもとともに文学に親しむようにしてほしいと思う。とともに、語彙・文法・レトリックに関する勉強もしっかりとして、学習内容として具体化するようにしてほしい。また、最後になるが、ＡＩ技術をいかに言語学習に取り入れていくかの研究も、これからの時代の喫緊の実践的課題であることも忘れるわけにはいかないだろう。

教師は忙しい。しかし、教えることで、子どもとともに、教師自身も豊かになっていく――私は、そう信じている。

結語にかえて――「新・生活主義教育」の実践

1 「生活綴方」に見る「学び」の本質

(1) 「学び」の行為としての生活綴方の特質

生活綴方とは、書き手（学習者）にとって、切実な問題を題材として取り上げ、認識力・思考力をはたらかせて、対象を的確にとらえ、事実に基づく無駄のない文章で、的確に表現することをめざした作文活動、あるいはそこに生まれる文章のことである。題材として、どんなにきびしい生活が取り上げられていても、それが自分の生活の現実から遊離していて、そこにリアリティがなければ、あるいは、書き手が自分の問題として取り上げ、真剣に取り組んでいなければ、それは生活綴方とは言えない。現実の生活に問題を見出し、それを自分の解決すべき問題として真剣に追究し、それを文章に書くことで認識を深めていくことができるなら、それは、書くことを通して自ら人として生きたのであって、それはまさに生活綴方であり、生活主義の学びだと言うべきであろう。

現実の生活を題材とすること、そのことで現実認識のしっかりした文章を書くことは、もちろん大事である。しかし、更に大事なのは、素材に問題を見いだし、それを題材とすることで、素材への認識を深めるとともに、それを土台として、生活者としての思想形成力、即ち現実を生きる人間としての力を確かなものにしていくことである。

書くことは、認識を確かにすることであり、思考を深めることである。生活綴方は、現実の課題をとらえ、書くことを通して追究すること、即ち、現実と向き合って人間として生きることである。課題を追って、それを書くことを通して人間として生きたなら、その行為は、生活綴方であり、生活主義の学びである。

私は、生活綴方の本質を、書く行為を充実させることで、人間として生きる、さらに言うなら人間として生きる力を身につけるというところに見る。書くことで、人間として生き、人間として生きる力を身につけたなら、それは、生活綴方であり、生活主義の教育なのである。

(2) 新・生活主義の国語教育

改めて確認しておきたい。生活主義とは、学習活動としての生活綴方を成り立たせている教育の原理である。それは、子ども（主体）にとって、書くべき価値ある生活の現実を題材として、その真実の姿を文章上に描き出すことによって、人間として生きる力をつける教育である。その教育実践の特質は、現実をリアルに描き出す、その書く行為に生きることによって、人間として生きる認識力や表現力を高めるというところにあった。書くことで、子どもが人間として生きるなら、それは、生活綴方であり、生活主義の教育だと言っていいだろう。どんなに厳しい生活の現実を題材としても、それをリアルに描き出していなかったら、生活綴方ではない。あるいは、生活綴方としての価値は低いと言うべきであろう。そこには、生活主義の教育は成立していないのである。

子どもたちは、一人の人間として、自ら生きる現実をリアルにとらえ、描き出すという行為を通して、自らの「今」を生きた。その自ら生きる行為を通して、人間として生きる力を身につけていく。言い換えると、文章を書く行為を通して、人間として生きる、そのことで、人間として生きる力を身につけていったのである。

現実をリアルに描き出す、まさにその行為を、書き手が主体として生きることによって、書く力を身につけていく。そこに生活綴方の本質がある。それは、書くことの学習においてだけではない。話すこと・聞くことの学習においても、また、説明文の読み・文学の読みの学習においても、学び手は、その言語行為を自ら主体的に生きることで、主体的な言語行為者としての言語行動力を身につけていくのである。私たちは、そこにことばの学びの本質的なあり方を見ることができる。まさに、そのようなことばの学びを、国分一太郎は、「生活綴方的教育方法」とよんだのだった。

2 追究・創造の「学び」――文学教材の〈読み〉の場合

(1) 読書行為としての「問い」

読むことの学習は、教師から与えられた「問い」に答える活動では決してない。教師は、発問に答えさせることで、子どもを知らず知らずのうちに、問題解答人間にしてしまってはならない。「問い」を立てること自体が「学び」なのだ。問題を発見し、「問い」を立てる力こそが、「学びの力」としての基礎的な「学力」だと考えなければならない。

読み手にとっては、「問い」を立てること自体が、「読み」の行為(読書行為)であり、学び手にとっては、それ自体が「学び」(学習活動)なのである。

文学の読みにおいては、読者としての共感や反発などの素朴な情意的な反応の中から、その反応の根拠を作品の中に探る知的な「問い」が生まれた時、初めて読者としての意味追究の分析的な知的作業が始まる。それが「解釈」である。即ち、解釈は、読者が自らの感動や反発などの情意的反応の根拠を作品の上に求め、その実体を解き明かそうとする行為である。したがって、その実体は、言語によって説き明かされなければならない。即ち、主体的反応をもたらすテキストのはたらきを、言語によって明確に説き明かすところに成立するのが解釈である。

青木幹勇先生が、教師は、すぐ「なぜ」と問うて、「……だから。」と答えさせたがるが、しかし、「『なぜ』と問うて、理屈でわからせるな。」とおっしゃっていたことを忘れないようにしたい。『なぜ』と問わずして『なぜ』を読む。」とは、青木幹勇先生のことばである。また、青木先生は、「気持ちを問うな」ともおっしゃって、人物の気持ちを読むのを「心情主義だ」と言って、批判もされた。

しかし、「なぜ」の読みも、また「気持ち」の読みも、文学領域においては、大事な読みである。大事な読みなのに、それが読みの掘り起こしを伴うことなしに行われると、表面的なことがらだけの読みになってしまう。教師はさまざまな角度からの掘り起こしを視野に、「問い」を立てるようにしなければならない。

しかも、文学の「問い」は、読者の、テキストとの心情的な関わりに根ざしたものでなければ、読者自身にとってもリアリティのあるものにはならない。即ち、知的な「問い」は、読むことを通して読者の内に生まれる情的な反応（テキストとの関わりとしての読者の内なる「思い」）に根ざしたものでなければならない。

では、どうしたら子どもが、自らの内なる「思い」に根ざして「問い」を意識し、それを追究することでテキストの意味を掘り起こし、自己生成・主体形成の読みを成立させることができるだろうか。それが、読むことの学習における追究の読みに関わる課題の第一である。

(2) 教材文「お手がみ」の場合

文学テキストの意味を掘り起こす「問い」は、主として前に述べたような人物の言動を中心としたことがらの読みを基礎として生まれる。

以下、教材文「お手がみ」を例にして検討してみよう。登場人物になりきったつもりで音読をくり返し、登場人物の関係とストーリーの展開をとらえ、そのおもしろさを感じとったところに線を引きながら読んでいく。そして、読んでいて「いいなあ」と思ったところの意味を掘り起こすのである。要するに、特に心に残ったところに焦点化して、その部分の意味を掘り起こす――そのための「問い」を立てるのである。それが、文学の読みにおける、テキストの意味を掘り起こす「問い」である。

くり返すが、まずじゅうぶんに感想を掘り起こし、それを土台に、読者の心情を強く動かした表現に焦点化して、「問い」を立てるのである。「お手がみ」の場合だと、「どういうところが特に心に残りましたか」「一番よかったのはどういうところですか。」（あるいは「どこですか」）というような語りかけで、物語の感動を思い起こし、ふり返りのきっかけとする。すると、子どもの反応は「かえるくんがお手がみを書いてやったところ」とか、がまくんが、かえるくんの言うことを聞いて「ああ、いいお手がみだ」と言ったところ、あるいは、がまくんが「かえるくんからのお手がみを読むところ」というように、かえるくんが書いた手紙をめぐって引き起こされるだろう。

かえるくんから手紙の中身を聞いたがまくんの「ああ、いいお手がみだ」ということばにも、多くの反応が集まるかもしれない。

要するに、子どもの多くは、だれからもお手紙をもらえずにさびしがっていたがまくんに、かえるくんがすぐに家に帰ってお手紙を書いてあげたこと、そしてそのことを知ったがまくんが、とても喜んだことに感動する。

「かえるくんは、友達思いの、とてもいいお友達だ。」

「がまくんには、かえるくんのような、とてもやさしいお友達がいてよかった。」

など、多くの子どもたちは、素直な感想を発表し、教室は、がまくん思いのかえるくんの優しさを共有する温かい場になるだろう。そんな教室で、かえるくんの書いたお手紙の文面に気づく子どももいるかもしれない。

「かえるくんががまくんに『ぼくの　しんゆう　がまくんへ』と書いてくれたから、がまくんはうれしかったんだ。」

「かえるくんが　おてがみのさいごに『きみの　しんゆう　かえる』と書いてくれたのも、うれしかった。」

このような「しんゆう」ということばに気づく子どもがいたら、そのかえるくんが書いた手紙の文面を、みんなで声に出して読んでみるといい。そして、そのような文面のお手紙をもらったがまくんになったつもりで、がまくんの気持ちを想像してみるといいだろう。

そんなお手紙をもらったがまくんに、「何かひと言言ってあげるとしたら、どんなことを言ってあげたらいいか」というような活動をしてもいいかもしれない。

そこまでは、ストーリーの読み（語られたことがらの読み）の行き着くところと言っていいだろう。しかし、ことがらを間違いなく読み取っただけでは、「お手がみ」のほんとうのおもしろさと出会ったとは言えないのではないだろうか。

この「お手がみ」が感動的なのは、だれからも手紙がもらえずさびしがっていたがまくんに、そのことを知ったかえるくんが、すぐに家に帰ると、「ぼくのしんゆう、がまがえるくん」と呼びかけ、「ぼくは、きみがぼくのしんゆうであることを　うれしくおもう」という手紙を書いてくれたことにあるのではないだろうか。そして、さらに言うなら、がまくんは「ああ、いいお手がみだ。」と言って、かえるくんの思いを受けとめ、中身のわかってしまったお手紙なのに、その手紙を待つ必要もないかえるくんと一緒に、同じところで待ち続けたのだった。

(3)「問い」を立てる

物語の展開が把握できたところで、この物語の本当のおもしろさについて考えてみよう。読者の心を打つのは、この物語のどういうところだろうか。

この「お手がみ」のように、物語の展開が単純明快な物語は、ストーリーが明快なだけに、かえって「問い」を立てるのがむずかしいかもしれない。しかし、大事なことは、物語のもっとも感動的なところの意味を解き明かすこと――その物語の本当のおもしろさは物語のどこに起因するのか、それはやさしいようでもっともむずかしい「問いを立てる」ことの課題である。

後書き

本書には、私の国語教育に関する論稿のうち、実践のあり方に関する歴史的、あるいは理論的追究を中心に集めた。私は、実践のあり方を論じても、その根底には、過去の蓄積としての歴史があり、教育観に支えられた理論的根拠がなければならないと思っている。論考を書くということは、そういう自分を自ら検証することにほかならない。その意味では、本書はまだまだ未熟の誹りを免れ得ないのかもしれない。しかし、ともかく私は終着駅に近づいた。この後書きとともに、自分の追究の跡を振り返り、さらに新しい一歩を踏み出したいと思っている。

本書は、私が、長年わが内に温めてきたことを中心に、ようやく一冊にまとめたものである。そこで、私の教師という仕事への思いを記したものとして、最近求められて書いた私の若い頃の思い出の一節であるが、ここに引き写すことをお許しいただきたい。

私が（略）自覚的に教師への道を進むようになったのには、小・青年期におけるたくさんの我が師との出会いがあったからのように思われます。ここには、その中のいくつかの出会いを記しておきたいと思います。

少年時代、私は、いわゆる軍国少年でした。しかも、自分で言うのもおこがましいのですが、かなり優秀な軍国少年でした。

中学校（旧制）の一年生の夏、戦争は終わりましたが、それが間違いない事実だとは分かっていても、私たちは、その事実を容易には受け入れようとしませんでした。終戦の翌日も、相変わらず軍のための勤労動員に出掛けて行き、途中、お百姓さんに、まだそんな馬鹿らしいことをしているのかと言って、嘲られたほどでした。私たちは、それほど心理的にもすっかり戦時体制に組み込まれていたのでした。今思うと、我ながら哀れに思えて来るのですが、九州の片田舎の中学生をそのようにしたのは、戦時下における、まさに教育の力でした。（略）

軍国主義一色のきびしさの中ではありましたが、授業の中で、私たち子どもの意見をよく聞き入れてくれた教師がいました。子どもと一緒に畑を耕し、農具の手入れをし、汗水流して働くことを共にする教師がいました。一人一人の子どもの性格をよく理解し、引き立ててくれた教師がいました。そんな教師たちは、いずれも子どもの考えや想像を大事にしてくれる教師たちでした。戦時体制下にありながら、私は、先生たちと人間的な出会いをしていたのです。軍国主義教育の中ではありましたが、そんな教師たちとの出会いがなかったら、私は教師になってはいなかったでしょう。（略）

中学校三年生の時だったと思います。南方のビルマ（ミャンマー）かタイから、遅くなって復員し、教壇に復帰した教師がいました。彼は、動員で入隊するまで、多くの中学生や女学生に尊敬され、慕われていた教師でした。その教師が、復員して教壇に立った最初の時間、軍人として戦争に参加し、戦場において自分が行った非人間的な行為を語って、生徒たちの前で号泣しました。今思い出しても、それは異様な光景でした。そして彼の懺悔はここに書くのも憚られるような残忍な行為でしたが、中学生の私たちはみんな納得しました。戦争という状況の中では、人間の心なんか全く無力なのです。否、状況にはめ込まれた人間の心は、状況に応じて如何ようにも変容・変質してしまうのです。中学生の私は、そのことを深く胸に刻みました。そして、中学生の前で懺悔し号泣した教師の姿は、自分が教壇に立つことになった時も、頭から離れませんでした。強固な体制下に於いて、個人は全く無力ではあるが、しかし、そのことを前提としつつも、生徒の前で懺悔することのない教師であるにはどうでなければならないか、そのことを私は自らに問うのです。

大學を出て、私は小学校の代用教員になりました。実は、高校への就職がほとんど決まりかけていたのですが、大学の非常勤講師として来ておられた増渕恆吉先生に「まず、小学校の教壇に立て」と強く言われて、免許状もなしの就職でした。でも、小学校の現場に立ったおかげで、「教える」とはどういうことかということを、実にたくさん、自分の体験を通して学びました。(後略)

少年少女の時代に「銃後の子ども」として戦争を体験し、敗戦後は、まさに『遅れてきた青年』(大江健三郎)として戦後を生きねばならなかった子どもたちは、もしかしたら不幸だったのかもしれない。中には、石原慎太郎のように、時代から抜け出て活躍した人もいた。しかし、多くは、遅れてきただけに、第一次戦後派の人たちの華々しい活躍を後ろから冷静に見て、「何が本当か」、そして「何が本物か」をじっと見続けてきた。それが正しかったとは、決して言わない。しかし、そのおかげで、やがて起こる、むしろアナーキーな学生運動の理論にも、正対し続けることができたのだと思う。

教育界では、国の文部行政の力は絶大で、教育方針もいつの間にか逆転していたりする。しかし、そんな中でも、子どもの前に立つ時、いつの時代でも、現場の教師の関心は、子どもの方を向いている。それが現場の教師の本当の心のありようだ。それが、大事なのだ。だからこそ私は、現場の先生方に言いたい。

子どもの目を見つめて、子どもの思いを知り、自分の子ども以上に、教室の子どもの思いを受け止めてやろうとするのが現場の先生方です。今日も、教室の子どもの思いにかなうことを願って、子どもの前に立っておられることと思います。勤務時間を過ぎたら帰るように言われても、なかなか帰るわけにいかず、教材研究も十分にできないというのが実情ではないでしょうか。しかし、それでも、その教室の現場にこそ、教育の真実はあるのです。

子どもの内なる本当の思いを知っているのは、現場の先生方なのです。先生方にこそ、教育を動かす力があるのです。その力の蓄積が、やがては、教育現場を動かす力となることを信じたいと思います。

ＡＩの時代でも、教育現場の教師は、子どもの内なる思いに身を寄せてほしい。そして、時代を貫く教育の真実を、我が命として語ってほしい。それができるのは、教師だけだからだ。

おそらくこれが私の最後の単著となるだろうと思いながら本書をまとめた。本書をまとめながら思うことをここに記した。駄文をお許しいただきたい。

なお、本書は、三省堂編集部の細見雅彦氏のご尽力でようやくまとめることができた。また、五十嵐伸氏にも大いにご協力いただいた。単著の十一冊目である。まとめてみたら、私にとっては、大事な一書となったように思う。細見氏をはじめとする三省堂の方々のご尽力がなかったら、おそらく日の目を見なかったであろう。ここに心からの感謝の意を表したいと思う次第である。

初出一覧

第一章　新・生活主義教育の建設　国語教育の原論を求めて

一　新・生活主義国語教育の建設　書き下ろし
二　近代教育史に見る生活主義教育　書き下ろし
補説１　二つの学力観を超えて　『月刊国語教育研究』（日本国語教育学会）二〇一九・一一
補説２　学び手の側に立つ　『月刊国語教育研究』（日本国語教育学会）
三　新・生活主義の読みの教育　書き下ろし
補説　教室を「豊かな言語生活」の実の場に　『月刊国語教育研究』（日本国語教育学会）二〇一八・四
四　ことばの学びを成立させる授業　『学校教育』（広島大学付属小）二〇〇八・一二
補説　改めて問う「人間を育てる教育」　『月刊国語教育研究』（日本国語教育学会）二〇〇九・七
五　生活主義の国語教育・その再生と創造　福岡教育大学講演　二〇一九・六（文責・山元悦子先生）

第二章　授業論・学習活動論の展開

一　「問い」を立て、「追求する過程」としての文学の読み
　『子どもと創るアクティブラーニングの国語授業』（筑波大付属小・初等教育研究所）二〇一六・八
二　「生きた言語活動」を中核とする国語学習　『国語授業の改革13』（科学的「読み」の授業研究会）
補説１　「説明文の読み」における、三つの読みのはたらき　書き下ろし
補説２　戦後の「言語活動」の歴史　書き下ろし
三　「書く」を基軸とする学習　日本国語教育学会講演　一九九二・三
四　追究としての「主体的・対話的で深い学び」　日本国語教育学会講演　二〇一五・八

五　言語活動でひらく国語学習　『国語授業の改革9』（科学的「読み」の授業研究会）
六　対話を起こす　『教育科学国語教育』（明治図書）二〇〇一・四
七　一人一人が生きる授業　東京都蔵前小学校講演　二〇一五

第三章　単元学習の開発　単元学習の可能性を求めて
一　なぜ、単元学習か　書き下ろし
二　新・生活主義国語教育としての単元学習　東京都青年国語研究会講演
三　国語単元学習の基本　『教育科学国語教育』（明治図書）二〇一三
四　「問い」を立て、「追求する過程」としての単元学習　山口大学講演（文責・岸本憲一良先生）
五　単元学習の構想　『月刊国語教育研究』（日本国語教育学会）一九九三・四
六　単元学習の構成　『国語単元学習の新展開　理論編』（東洋館）一九九二・八
七　単元学習の課題　『日本教育連合会記念誌　第2集』二〇一三・四
八　教材単元の成立　書き下ろし
九　単元学習でする物語の授業　書き下ろし
　補説　教師へ　書き下ろし
結語にかえて　書き下ろし

※なお、本書所収にあたり、表現および表記の一部に手を加えた。

田近洵一　たぢかじゅんいち

昭和八（一九三三）年三月一日、長崎県島原市に生まれる。
横浜国立大学卒業後、川崎市・東京都で、小・中・高の教壇に立つ。横浜国立大学助教授、東京学芸大学教授、早稲田大学特任教授を歴任。
その間、筑波大学、上智大学、都留文科大学、東京女子大学、日本女子大学等の非常勤講師を務める。東京学芸大学名誉教授。
［所属学会］日本文学協会（前委員長）、全国大学国語教育学会（常任理事）、日本国語教育学会（前会長）、国語教育史学会（会長）等。
［著書］『言語行動主体の形成――国語教育への視座』（新光閣、一九七五）
『現代国語教育への視角』（教育出版、一九八二）
『文学教育の構想』（明治図書、一九八五）
『戦後国語教育問題史』（大修館、一九九一）
『読み手を育てる――読者論から読書行為論へ』（明治図書、一九九三）
『創造の〈読み〉――読書行為をひらく文学の授業』（東洋館、一九九六）
『［自立と共生］の国語教育』（光文書院、一九九六）
『国語教育の方法――ことばの学びの成立』（国土社、一九九七）
『創造の〈読み〉新論』（東洋館、二〇一三）
『現代国語教育史研究』（深山房、二〇一三）
その他、一〇〇冊余の共編著がある。

装　丁　　三省堂デザイン室
校　正　　五十嵐伸
組　版　　双文社印刷

生活主義国語教育の再生と創造

2022年7月1日　第1刷発行

著　者　田近洵一
発行者　株式会社 三省堂　代表者 瀧本多加志
印刷者　三省堂印刷株式会社
発行所　株式会社 三省堂
〒101-8371　東京都千代田区神田三崎町二丁目22番14号
電話　編集　(03) 3230-9411
営業　(03) 3230-9412
https://www.sanseido.co.jp/
〈生活主義教育・240pp.〉

落丁本・乱丁本はお取り替えいたします。

Printed in Japan

ISBN 978-4-385-36620-3